Editorial

AF199788

Liebe Leserinnen und Leser,

„Suche die Stille auf und nimm dir die Zeit und den Raum, um in deine eigenen Träume und Ziele hineinzuwachsen" – Weisheit aus dem Zen-Buddhismus

Als ich diese Zeilen letztens per Zufall las, hatte ich sofort ein Foto vor Augen, welches ich vor nicht allzu langer Zeit in einem Klostergang machte. Da fügte sich etwas zusammen, was zusammengehörte. Jetzt ist daraus ein Desktophintergrund geworden. So habe ich nach dem Hochfahren meines Laptops schon manches Mal innegehalten: Die sonnigen warmen Farben strahlen eine wohltuende stille Heiterkeit aus – der Spruch schmiegt sich, wie selbstverständlich, darin ein. Und es hat mir immer wieder geholfen, mich zuerst meinen Ideen zu widmen – und erst später Mails zu beantworten.

Dieser Sommer war – in mehrfacher Hinsicht – ein unruhiger.
Darum wünsche ich Ihnen beschauliche Herbsttage, in denen auch Sie Zeit und Raum für Ihre Kreativität und Ziele finden. Lassen Sie sich von den vielen interessanten Beiträgen in unserer neuen SOMMERGRAS-Ausgabe inspirieren. Vielleicht sind es ja gerade diesmal die Rezensionen, die Sie verleiten, ein Buch in die Hand zu nehmen, um am Ende eines Tages die Stille zu finden.

Ihre Claudia Brefeld

Inhalt

Deutsche Haiku-Gesellschaft e.V.

Die Deutsche Haiku-Gesellschaft e.V.[1] unterstützt die Förderung und Verbreitung deutschsprachiger Lyrik in traditionellen japanischen Gattungen (Haiku, Tanka, Haibun, Haiga und Kettendichtungen) sowie die Vermittlung japanischer Kultur. Sie organisiert den Kontakt der deutschsprachigen Haiku-Dichter/-innen untereinander und pflegt Beziehungen zu entsprechenden Gesellschaften in anderen Ländern. Der Vorstand unterstützt mehrere Arbeits- und Freundeskreise in Deutschland sowie Österreich, die wiederum Mitglieder verschiedener Regionen betreuen und weiterbilden.

[1]Mitglied der Federation of International Poetry Associations (assoziiertes Mitglied der UNESCO), der Haiku International Association, Tôkyô, der Gesellschaft für zeitgenössische Lyrik e.V., Leipzig, Ehrenmitglied der Haiku Society of America, New Orleans.

Anschrift
Deutsche Haiku-Gesellschaft e. V., z. Hd. Stefan Wolfschütz, Postfach 202548, 20218 Hamburg

Vorstand:
Info/DHG-Kontakt
und Redaktion
Claudia Brefeld, Auf dem Backenberg 17, 44801 Bochum, Tel.: 0234/70 78 99, E-Mail: claudia.brefeld@dhg-vorstand.de
E-Mail: info@deutschehaikugesellschaft.de

Redaktion
Eleonore Nickolay, 78, Avenue du Général Leclerc, F-77360 Vaires sur Marne, Tel.: 0033/160202350, E-Mail: eleonore.nickolay@dhg-vorstand.de

Kassenwartin
Petra Klingl, Wansdorfer Steig 17, 13587 Berlin, Tel.: 030/5618694, E-Mail: petra.klingl@dhg-vorstand.de

---
Peter Rudolf, Gartenweg 6, CH-4143 Dornach, Tel.: 0041/617021895, E-Mail: peter.rudolf@dhg-vorstand.de

Website
Stefan Wolfschütz, Curschmannstraße 37, 20251 Hamburg, Tel.: 040/477965, E-Mail: stefan.wolfschuetz@dhg-vorstand.de

Brigitte ten Brink, Kelhofstr.1, 78465 Konstanz, Tel.: 07533/998722, E-Mail: brigitte.tenbrink@dhg-vorstand.de

Internationale
Kontakte
Klaus-Dieter Wirth, Rahserstraße 33, 41747 Viersen, Tel.: 02162/12243, E-Mail: kd.wirth@dhg-vorstand.de

Sowie:
Redaktion
Öffentlichkeitsarbeit
Simone K. Busch, E-Mail: Simone.K.Busch@web.de
Dr. Beate Wirth-Ortmann, E-Mail: drw-o.haiku@t-online.de

Bankverbindung:
Landessparkasse zu Oldenburg, BLZ 280 501 00, Kto.-Nr. 070 450 085
(BIC: SLZODE22XXX IBAN: DE97 2805 0100 0070 450085)

Bibliografische Information der Deutschen Nationalbibliothek:
Die Deutsche Nationalbibliothek verzeichnet diese Publikation in der Deutschen
Nationalbibliografie; detaillierte bibliografische Daten sind im Internet über
dnb.dnb.de abrufbar.

©2017 Deutsche Haiku-Gesellschaft
Herstellung und Verlag: BoD –
Books on Demand, Norderstedt
ISBN 978-3-7448-9846-1

schwere Ähren
zwischendurch ein Windhauch
flüsternd

(c) Simone K. Busch

Haiga: Simone K. Busch

Haiku-Kaleidoskop

Klaus-Dieter Wirth

Kukai

Ein Kukai ist zunächst ein verabredetes **Treffen von Haiku-Liebhabern**, bei dem die Teilnehmer entweder erst vor Ort Haiku dichten oder meistens schon vorgefertigte Haiku zur gegenseitigen Begutachtung vorlegen mit dem Ziel, über gemeinsam erarbeitete Verbesserungsvorschläge die eigenen Fähigkeiten immer mehr an ein vertieftes Haikuverständnis heranzuführen.

Voraussetzungen dafür sind, dass sich eine **Orts- oder Regionalgruppe** bildet, am besten unter der Leitung eines etwas erfahreneren Haijin, der die Fäden für die organisatorischen Belange und den **Ablauf** in der Hand halten kann:

1. Festlegung der Treffpunktintervalle (monatlich, vierteljährlich usw. oder je nach neuer Absprache)
2. Festlegung der Örtlichkeit (ein öffentlicher Raum oder privat bei einem der Teilnehmer)
3. Festlegung eines vorher abgesprochenen Themas (z. B. Jahreszeit, Naturereignis, Tiere, Pflanzen, Stadtleben, Feste, Einsamkeit, Stille usw.). Für den Einstieg ist es auf jeden Fall ratsamer, die Thematik erst einmal offen zu lassen!
4. Bei einer vorgegebenen Thematik kann schließlich die Aufgabe noch dadurch erschwert werden, dass das Stichwort selbst (z. B. *Raum*, *Weg*, *Insel*) nicht genannt werden darf.

Nachfolgend der gängige Ablauf bei einem traditionellen japanischen Kukai unter Leitung eines Meisters bzw. Lehrers (*sensei*):

1. Phase (*toku*): das Abfassen bzw. Einreichen der eigenen Haiku nach der vereinbarten Vorgabe (Anzahl, Thema). Bei themenbezogenem Vorgehen gibt es 3 Varianten:

a) ein vorher festgelegtes Thema (*kendai*)

b) ein erst vor Ort angegebenes Thema (*sekidai*)

c) eine vor Ort sichtbare Vorlage bzw. ein mitgebrachter Gegenstand (*shokumoku*)

Die fertigen Haiku werden sodann von ihren Verfassern anonymisiert, indem sie diese ohne ihre Namen auf vom *sensei* verteilte Zettel gleicher Art übertragen, sodann zusammengefaltet, eingesammelt und durcheinandergemischt.

2. Phase (*seiki*): das nochmalige Aufschreiben einer vorher bestimmten Anzahl der eingesammelten Zettel.

3. Phase (*senku*), die Auswahl: Die nun lesbaren Haiku werden durchnummeriert und an die nächste Person weitergereicht. Jeder wählt eine vorher festgelegte Anzahl von Haikuzetteln für sich aus und hält sie auf einem neuen Zettel mit seinem Namen fest.

4. Phase (*hiko*), die Bekanntgabe: Die Zettel mit den ausgewählten Haiku werden eingesammelt, und der Moderator (*sensei*) liest das jeweilige Haiku mit dem Namen dessen, der es ausgewählt hat, vor.

Dieser begründet dann seine Entscheidung. Die Texte, die am häufigsten vorgelesen wurden, sind die „Gewinner des Tages". Erst dann gibt sich der Autor selbst zu erkennen.

Diese penible Strukturierung entspricht naturgemäß ganz der japanischen Mentalität einschließlich des betonten Zurücknehmens der eigenen Individualität. Bei Kukai-Veranstaltungen hierzulande sollte man hingegen weniger konventionell, mit vereinfachtem Prozedere im direkteren, persönlichen Austausch verfahren!

Im Einzelnen empfiehlt es sich etwa bei der gemeinsamen Arbeit an den Texten, das jeweilige Haiku nicht nur zweimal vorzulesen, sondern für alle augenfällig zu machen, sei es dadurch, dass es jeder noch einmal für sich aufschreibt, oder dadurch, dass man es an einer Tafel festhält. Auf diese Weise wird die Wirkung von Abänderungsvorschlägen erfahrungsgemäß besser erkannt. Wichtig ist letztlich die vorurteilsfreie Meinungsbildung durch positive Kritik, wobei natürlich jedem das Recht auf Verbleib bei seiner ursprünglichen Version zuzugestehen ist. Kukai sind besonders gelungen, wenn sie bei allen Teilnehmern zu qualitätsfördernden Denkanstößen führen. Daneben wird aber bereits das rein gesellschaftliche Erleben generell als sehr bereichernd empfunden.

Ein Kukai lässt sich auch mit einem **Ginko** – nicht zu verwechseln mit der Baumart Ginkgo – verbinden. Das ist eine organisierte Haiku-Wanderung oder auch nur ein Spaziergang durch ein landschaftlich reizvolles Gelände, zu besonderen geschichtlichen Schauplätzen usw., mit den nötigen eingelegten Pausen, um gleich vor Ort Haiku zu schreiben oder nur entsprechende Notizen zu machen, die dann auf einem späteren Kukai-Treffen vorgetragen und gemeinsam besprochen werden.

Inzwischen sind durch das Aufkommen des Internets auch zahlreiche **Kukai-Wettbewerbe** ins Leben gerufen worden, nationale wie internationale. Auch hier gibt es verschiedene Verfahrensmodi. Gemeinsam ist ein vorgegebener Dreiphasenrhythmus: ein Einsendezeitraum, ein Bewertungszeitraum und ein Auswertungszeitraum mit der Bekanntgabe des Endergebnisses. In der Regel werden die Einsender selbst zur Bewertung aufgefordert, wobei dann die Zusendung der eingegangenen Haiku ohne Namensnennung der Autoren erfolgt. Ebenso selbstverständlich ist, dass eigene Haiku von der Bewertung ausgeschlossen sind. Zuwiderhandlung bedeutet Disqualifikation.

Zu den DHG-Kukai mit jeweiliger Themenvorgabe darf nur ein Haiku eingesandt werden, wobei dem jeweiligen Einsender allerdings sofort auch alle anderen bisherigen Einsendungen zugänglich gemacht werden, er in dieser Phase sogar seinen eigenen eingesandten Text noch abändern kann. In der Bewertungsphase ist an alle ausgewählten Haiku jeweils nur ein Punkt zu vergeben.

Eine andere Form des öffentlichen Kukai hat die vierteljährlich erscheinende spanische Internet-Haiku-Zeitschrift HELA (Hojas en la acera – „Blätter auf dem Bürgersteig") gewählt. Für den Einsendezeitraum werden jeweils zwei verschiedene Themenwörter, z. B. „Platzregen" und „Raupe", zur Auswahl vorgegeben. Man nimmt aber nur mit einem einzigen Haiku teil. Für die Bewertung der nach Eingang durchnummerierten, anonymisierten Texte stehen den Autoren in der nächsten Phase insgesamt sechs Punkte zur Verfügung, allerdings nicht mehr und nicht weniger. Das eigene Haiku bleibt selbstverständlich außen vor. Die sechs Punkte können beliebig verteilt werden, jedoch nicht mehr als drei für ein Haiku. So können in den Extremfällen 6 Haiku einen Punkt erhalten oder zwei Haiku drei Punkte. Andere Kombinationen wären etwa für vier ausgewählte Haiku zwei-eins-eins-zwei oder für drei Haiku eins-drei-zwei Punkte. Auf dieser Grundlage ergibt sich dann die endgültige Rangliste.

Und noch ein Beispiel für ein vierteljährliches, internationales Kukai: das **EQK** (*European Quarterly Kukai*), geleitet von den beiden polnischen Herausgebern Krzysztof Kokot und Robert Kania. Hier wird nur ein Thema, z. B. „Vögel", vorgegeben, zu dem jeder Teilnehmer auch nur ein Haiku in englischer Sprache einschicken darf. Einsende- und Bewertungsphase werden im Vorfeld bekannt gegeben. Jeder Teilnehmer bekommt in der zweiten, der persönlichen Auswahlphase, alle eingegangenen Haiku in anonymisierter Form zugesandt. Er wählt daraus seine drei Favoriten aus – das eigene Haiku natürlich wieder ausgenommen – und versieht sie abgestuft mit Punkten: drei, zwei und eins. Daraus errechnet das EQK-Team dann das Endergebnis und gibt es mit den jeweils erreichten Punktzahlen an die Teilnehmer weiter.

Solche Kukai-Wettbewerbe können auch insofern anregend sein, als man meistens schon darüber ins Staunen gerät zu sehen, wie vielfältig sich ein Thema in wenigen Worten lyrisch darstellen lässt. Andererseits sollte man solche Ranglisten nicht verabsolutieren, da ihr Zustandekommen oft von doch sehr unterschiedlichen Mentalitäten und Vorkenntnissen abhängt. Spaß machen Kukai jedoch allemal!

Das Ergebnis des 17. vierteljährlichen europäischen Haiku-Kukai

European Quarterly Kukai (EQK), Thema: Vögel

Das EQK geht mittlerweile bereits in sein fünftes Jahr. Initiiert von den beiden polnischen Herausgebern Krzysztof Kokot und Robert Kania, hat es erfreulicherweise einen stets zunehmenden Zuspruch erfahren, sodass mittlerweile sogar außereuropäische Länder darauf aufmerksam wurden. So nahmen zum Beispiel am Frühjahrswettbewerb insgesamt 238 Autoren aus 43 Ländern teil.

Im Einzelnen: Australien (9), Bangladesch (4), Belgien (1), Bosnien und Herzegowina (3), Brasilien (3), Bulgarien (17), Dänemark (2), Deutschland (18), Frankreich (6), Ghana (6), Indien (16), Irland (1), Israel (3), Italien (13), Japan (1), Kanada (5), Kolumbien (1), Kroatien (15), Litauen (8), Malta (1), Mazedonien (1), Montenegro (2), Nepal (1), Neuseeland (1), Niederlande (1), Nigeria (2), Norwegen (11), Österreich (2), Pakistan (1), Philippinen (4), Polen (11), Portugal (1), Rumänien (18), Russland (7), Schweiz (3), Serbien (4), Singapur (1), Slowenien (2), Ukraine (1), Ungarn (1), Vereinigtes Königreich (11), Vereinigte Staaten (17), Zypern (1).

Der aufmerksame Leser wird bereits über die Verteilung im Einzelnen in Erstaunen geraten. Deutschland etwa steht mit Rumänien und Bulgarien deutlich an der Spitze. Dazu sind Länder vertreten, die man nicht ohne Weiteres erwartet hat, während andere kaum oder gar nicht in Erscheinung treten, wie Schweden oder Spanien.

Nachfolgend die drei erstplatzierten Haiku und die unserer DHG-Mitglieder mit ihrer bzw. meiner deutschen Übersetzung:

birdsong …
if only I had
the time

Vinay Leo R.
Bangalore, Indien
45 Punkte

Vogelsang …
hätte ich doch nur
die Zeit

parrot on my shoulder
my mother's voice
once again

Aljoša Vuković
Šibenik, Kroatien
42 Punkte

Papagei auf meiner Schulter
noch einmal
Mutters Stimme

a small bird's song
the weight of the world
lighter

David J. Kelly
Dublin, Irland
41 Punkte

eines Vögelchens Gesang
das Gewicht der Welt
leichter

blackbird
making a worm aware
of its full length

Klaus-Dieter Wirth
Viersen, Deutschland
17 Punkte

Amsel
macht einem Wurm klar
wie lang er eigentlich ist

nightingale singing
the tailor sews
her wedding dress

Christa Beau
Halle/Saale, Deutschland
14 Punkte

singende Nachtigall
die Schneiderin näht
ihr Hochzeitskleid

a skylark *somewhere* *above my straw hat*	eine Feldlerche irgendwo über meinem Strohhut

Christof Blumentrath
Borken, Deutschland
10 Punkte

becoming closer — *the fence unfolds* *a falcon*	sich näherkommen — der Zaun entfaltet einen Falken

Angelica Seithe
Wettenberg, Deutschland
9 Punkte

after all these years … *listening to the birds in* *my parents' garden*	nach all diesen Jahren … den Vögeln lauschen im Garten meiner Eltern

Brigitte ten Brink
Konstanz, Deutschland
9 Punkte

eclipse of the sun *in front of the black mirror* *the birds fall silent*	Sonnenfinsternis vor dem schwarzen Spiegel die Vögel plötzlich still

Gerd Börner
Berlin, Deutschland
6 Punkte

march meadows *a stork taps off* *his travel dust*	Märzwiesen ein Storch klopft seinen Reisestaub ab

Isabella Kramer
Nienhagen, Deutschland
5 Punkte

Good heavens —	Ach du grüne Neune —
my grandson's first idea	der erste Gedanke meines Enkels
angry birds	*Angry Birds*

> Heinz Schneemann
> Berlin, Deutschland
> 4 Punkte

along the highway	die Autobahn entlang
on foot	zu Fuß
the pheasant	ein Fasan

> Sylvia Bacher
> Bad Aussee, Österreich
> 4 Punkte

he knocks loud	er klopft laut
on my metal ladder	an meine Metallleiter
a woodpecker	ein Specht

> Helga Schulz Blank
> Esslingen, Deutschland
> 4 Punkte

first blossoms	erste Blüten
at the yellow bell shrub	am Forsythienstrauch
greenfinches	Grünfinken

> Silvia Kempen
> Apen, Deutschland
> 3 Punkte

building site symphony	Baustellensymphonie
a pair of water ouzels	ein Wasseramselpärchen
composes its nest	komponiert sein Nest

> Sonja Raab
> Opponitz, Österreich
> 3 Punkte

Sunbathing river gods —	Sonnenbad der Flussgötter —
shadow shields on rapids' spray	Stromschnellengischt im Schattenschutz
of cormorant wings	von Kormoranflügeln

Valeria Barouch
Genf, Schweiz
3 Punkte

borderland	Grenzgebiet
the call of	der Ruf von
migrating cranes	ziehenden Kranichen

Eva Limbach
Saarbrücken, Deutschland
3 Punkte

cloud of starlings	Wolke von Staren
we drift around in our	wir treiben umher in unserem
marital quarrel	ehelichen Streit

Birgit Heid
Landau, Deutschland
3 Punkte

cockcrow	Hahnenschrei
I spread my feathers	ich spreize mein Gefieder
and attune	und stimme ein

Gabriele Hartmann
Höchstenbach, Deutschland
2 Punkte

latest news —	neueste Nachrichten —
the pond's icy surface	die vereiste Oberfläche des Teichs
full of stress cracks	voller Spannungsrisse

Ramona Linke
Beesenstedt, Deutschland
0 Punkte

mild spell	milder Wetterumschlag
singing together	wir singen zusammen
me and the great tit	die Kohlmeise und ich

> Eleonore Nickolay
> Vaires sur Marne, Frankreich
> 0 Punkte

Wer die vollständige Liste nachlesen möchte, findet sie unter: europeankukai.blogspot.de.

Eleonore Nickolay

Die französische Ecke

Für die 56. Ausgabe von GONG, der Zeitschrift der Frankofonen Haiku-Gesellschaft, waren Leser und Autoren aufgerufen, sechs ihrer eigenen Haiku, die ihnen besonders am Herzen liegen, einzureichen und ein anderes, klassisches oder zeitgenössisches, das ihnen besonders viel bedeutet, vorzustellen.

Den Anfang machen einige Vorstandsmitglieder, die aufzeigen, was sie allgemein mit dem Haiku verbinden. So spricht Geneviève Fillion wohl den meisten Haiku-Dichtern und -Liebhabern aus der Seele, wenn sie schreibt, dass das Haiku sie dazu antreibt, sich Zeit zur Betrachtung zu nehmen und sich auf die Gegenwart und den Augenblick zu besinnen. Es macht sie auf die Schönheit aufmerksam, die uns umgibt, selbst im Allerkleinsten, das uns auf den ersten Blick belanglos erscheinen mag. Haiku schreiben stimuliert ihre Kreativität und Haiku lesen bereichert sie.

Aus dem daran anschließenden Kapitel der vorgestellten Haiku seien hier zwei zitiert:

matin d'hôpital	Krankenhaus-Morgen
Une enfant chauve	ein kahlköpfiges Kind
Coiffe sa poupée	kämmt seine Puppe

> Jean Deronzier

Geneviève Rey begründet ihre Wahl mit der universellen Tragweite dieses Haiku. In wenigen Worten konfrontiert es den Leser mit einer bewegenden und dramatischen Wirklichkeit.

de critiquer les autres	die anderen zu kritisieren
mon cœur a cessé	hat mein Herz aufgehört
j'écosse des fèves	ich enthülse Bohnen
Hosai Ozaki	

Delphine Eissen wählte dieses Haiku, weil es einlädt zum inneren Frieden, der sich einstellt, wenn wir davon lassen, die anderen zu beurteilen und unsere Aufmerksam auf die kleinen Dinge der Welt lenken.

So möchte ich aus der Auswahl der Lieblings-Haiku der Autoren zwei Haiku von Denise Malod zitieren, die sich genau solchen kleinen Dingen unserer Welt widmen:

après-midi gris	grauer Nachmittag
sur le banc de pierre une aile	auf der Steinbank eine Vogelfeder
d'oiseau sans oiseau	ohne Vogel
pierre lisse et nue	glatter nackter Stein
et moi qui m'inquiète du temps	und ich sorge mich um die Zeit
qu'il me reste	die mir noch bleibt

Rückmeldung zu „ziehende Wolken"

Sonja Raab

Ziehende Wolken
durch die Kriegsgräber gleiten
Schatten und Schatten
    Horst Ludwig

Die ziehenden Wolken deuten auf Vergehendes hin. Sie stehen nicht still, sondern sie wandern weiter, so wie das Leben nach jedem tragischen Ereignis weiter zieht, als wäre nichts geschehen.

Nichts bleibt stehen, alles ist in stetigem Umbruch, Veränderung macht das Leben aus.

Während die Wolken am Himmel dahingleiten, tun ihre Schatten und der eigene Schatten das am Erdboden zwischen den Kriegsgräbern. Die Schatten der Geschichte, die dunklen Zeiten des Lebens, die Ängste und Sorgen, das Leiden. Wie viele junge Männer lagen letztendlich auf Schlachtfeldern sterbend am Erdboden und blickten zuletzt auf ziehende Wolken, bevor sie selbst die letzte, schwere Reise antraten. Eine Reise, die sie nicht nach Hause zu ihren Familien führte, wohin die Wolken vielleicht zogen.

Die letzte Zeile zeigt auf erschütternde Weise ein Bild, das nicht ausdrücklich geschrieben steht, aber vor dem geistigen Auge entsteht. „Schatten und Schatten"– soweit das Auge reicht, Grabsteine. Soweit das Erinnern reicht, Ängste.

Aber auch die Schatten bleiben nicht stehen. Sie ziehen mit dem Licht. Das Leben lässt uns keine Zeit, uns festzuklammern an Vergangenem oder an den Ängsten. Es strebt vorwärts, dem Licht entgegen. Mich berührt dieses Haiku sehr.

Haiga-Aufruf – Ein Haiku zu einem Foto!

Unserem Aufruf, ein Haiku zu einem vorgegeben Foto zu schreiben, kamen 45 Autoren nach, denen die SOMMERGRAS- Redaktion herzlich dankt. Viel Freude beim Lesen und Betrachten.

Nachfolgend zwei Haiga, die von der Jury (Claudia Brefeld, Simone K. Busch, Eleonore Nickolay) als besonders gelungen vorgestellt werden sollen.

Herzlichen Glückwunsch!

(Foto: Claudia Brefeld)

letzter Tag
Muscheln und Steine
sortieren

Haiku: Christof Blumentrath

Die schrägen Schatten, die leeren Strandkörbe in Reih' und Glied der Sonne abgewandt, all das deutet schon stimmungsmäßig auf einen Abend am Ende des Urlaubs (?) hin. Noch einmal am Strand entlanggehen und noch einmal mit dem Gelb der Strandkörbe die Sonnenwärme erspüren.

Die Schätze, die man in den vergangenen Tagen gesammelt hat, werden begutachtet, einzelne Erinnerungen tauchen auf: hier eine Muschel, die mir ein Kind geschenkt hat, da ein Stein, der am Ende einer langen Strandwanderung lag und mit seiner besonderen Maserung lockte … Sichtbar sortieren wir sie, vielleicht sogar auch ein wenig in Reih' und Glied, und es werden die eignen Stranderinnerungen damit verknüpft. Die nebensächlichen und die besonderen bekommen ihren Platz, werden eingepackt, mitgenommen, um zu Hause als Ankerpunkte diese Urlaubserinnerungen zu aktivieren – immer wieder, wenn der Blick auf sie fällt. Auch das kollektive In-eine-Richtung-Schauen der Strandkörbe macht zudem optisch deutlich, dass uns Menschen diese Besonderheit des Sammelns und Strukturierens zu eigen ist.

Resümee halten und die Ereignisse sortieren! Machen wir das nicht fast immer nach einer Begebenheit, einer kleineren und größeren Episode in unserem Leben? „letzter Tag" muss also nicht unbedingt nur für Urlaubsende stehen …

Christof Blumentrath hat mit seinem Haiku ein gutes Zusammenspiel von Foto und Haiku erreicht, in dem der Leser, weiter oder enger gefasst, seine eigenen Assoziationen einbringen kann – ein Haiga, das wahrscheinlich, je nach Stimmungs- und Lebenslage des Lesers, anders gesehen und interpretiert wird. Diese Offenheit macht die Stärke und Qualität eines Haiga aus, das wir immer wieder gerne aufs Neue betrachten.

Claudia Brefeld

Nachsaison –

ich stelle meinen Stuhl

zu den anderen

Haiku: Eva Limbach

Zunächst ein paar Worte zu dem, was das Foto für mich ausdrückt: Es ist Saisonanfang oder -ende am Meer. Das Meer, mit dem ich Weite und Freiheit assoziiere, ist auf dem Foto nicht zu sehen. Das Bild lässt nur den Blick auf eine schier unzählbare Menge akkurat aufgereihter Strandkörbe zu. Ihr Ende ist nicht abzusehen, sprengen sie doch den Rahmen des Bildes, sodass ich mir vorstellen kann, sie nehmen den gesamten Strand ein. Wer hier seinen Urlaub verbringt, dem bleibt wenig Platz für Individualität und Persönlichkeitsentfaltung. Hier herrscht die Konformität des Massentourismus. Was erwarte ich nun von einem Haiku zu diesem Foto? Auf keinen Fall darf es noch einmal verbalisieren, was das Bild bereits ausdrückt, aber es sollte daran anknüpfen. Genau dann nämlich wird das Haiku nicht zu einer Kommentierung des Bildes und das Bild wiederum nicht zu einer Illustration des Haiku, genau dann sind Haiku und Bild weder zu nah beieinander noch zu weit voneinander entfernt. Nur so kann im Zusammenspiel von Bild und Haiku etwas Neues entstehen. Das ist die hohe Kunst des Haiga. Eva Limbach ist sie hier gelungen. Sie greift die

Idee des Saisonendes und die der Konformität auf und fügt etwas Neues hinzu. Ich lese das Haiku wie folgt: Das lyrische Ich stellt seinen Stuhl zu den anderen zurück, reiht sich also wieder ein in eine Ordnung, so wie es auf dem Bild die Strandkörbe assoziieren. Noch am Urlaubsort vollzogen mutet diese Handlung an wie ein Vorgriff auf das, was nach dem Urlaub der Alltag wieder von uns verlangt: sich wieder einfinden an der für uns vorgesehenen Stelle. So gesehen schwingt zwischen Bild und Haiku etwas Resignierendes: aus dem genormten Urlaub, den das Bild darstellt, zurück in den genormten Alltag, wie es das Haiku suggeriert. Aber das Haiku deutet noch etwas anderes an, das wir im Bild nicht finden. Bevor das lyrische Ich den Stuhl zurückstellt, hat es sich offensichtlich die Freiheit genommen, den Stuhl zu nehmen und sich niederzulassen, wo immer es ihm gefiel. So können wir vermuten, dass es die Sommerzeit weniger fremdbestimmt erleben durfte als die Urlauber in den Strandkorbreihen. Doch ist die kurze Zeit der Freiheit nun vorüber und zurück bleibt ein Gefühl von Melancholie, ein Gefühl, das jeder von uns kennt und das Eva Limbach meisterhaft in uns wachgerufen hat.

Eleonore Nickolay

Außerdem wurden vier weitere Haiku mehrheitlich als gelungen angesehen, die wir hier an dieser Stelle gesondert vorstellen möchten!

Saisonende
in den Strandkörben ruht
der Sommerwind
Christa Beau

spätsommer –
jeder für sich
in seinem schatten
Christian Michel

Armee-Urlaub –
die Strandkörbe im Sand
in Reih und Glied
Gérard Krebs

im Liebesroman
Sandkörner
der Herbstwind blättert um
Petra Quintus

Und hier nun alle weiteren Einsendungen!

Nichts tun
kann ich nicht – muss
Schatten werfen.

Johannes Ahne

Nach vielen Zwängen
das Hamsterrad verlassen –
Urlaub im Gleichschritt.

Thomas Berger

nur die Füße berühren
das Meer –
die weiche Haut des Erinnerns

Gerd Börner

"V" hoch am Himmel
Ziehen gackernd nach Süden
Schatten der Stille

Susanna Darabos

Korbreihen am Strand
In Tokio blaue Zelte
Obdach färbt Leben

Peter-Michael Fritsch

meine vergessenen flipflops
entsorgt –
barfuß am wellensaum …

Ruth Guggenmos-Walter

Seerosen –
die Schwimmer kommen
nicht an Land

Taiki Haijin

Meeresluft –
Schlösser gebaut
eine Welle lang

Ellen Althaus-Rojas

Die Schatten fallen
beim Aufmarsch der Strandkörbe
auf kalte Füße

Eva Beylich

Strandkörbe legen
Schattengebete aus für
sonniges Morgen.

Jürgen Brauweiler

Badestrand –
mittags zum Brötchen
eine Büchse Sardinen.

Reinhard Dellbrügge

In der Luft
noch die Erwartung
aus dem letzten Jahr

Monika Garn-Hennlich

Feierabend
warten
auf neue Besetzung

Karola Groch

Treibgut –
auf meiner Haut
dein Hauch

Claus Hansson

im Sog der Flut
geht Stille
vor Anker

Gabriele Hartmann

Lichtspiel
das Auf und Ab
ihrer Wimpern

Birgit Heid

Strandmorgen
die Schreie der Möwen
salzig

Anke Holtz

Ferien-Abend –
ein Paar in einem
der leeren Körbe am Strand

Manfred Karlinger

Intercity –
ich – mit entgleisten Zügen
in die falsche Richtung

Annelie Kelch

Ghetto
Juden –
Häuser stehen leer

Hildegard Korsten

Wie etwas einprägt
Schatten Rosen Schatten …, so
Rose Ausländer

Horst Ludwig

wohin schweigen sie
die grün-gelb-verlassenen
im sanften schatten

Bernhard Haupeltshofer

Melancholie
Schatten zementieren
Abschied

Kerstin Hirsch

Sandburgen gebaut.
Ein Kind sucht die Mutter.
Laut schnarcht ein Kater.

Saskia Ishikawa-Franke

uniformiert
die Schatten werden gezählt
ich nehme reißaus

Ute Kassebaum

Vater-und-Sohn-Tag –
die Zinnsoldaten fallen
in den Burggraben

Silvia Kempen

nach dem Einsatz
die Sonne im Rücken
werfen sie lange Schatten

Renate Küppers

Am Himmel Wolken
durchwandern leuchtendes Blau
Verdunklungsgefahr

Michaela Möller

alte Siedlung
inmitten fremder Sprachen
Kinderlachen

Ruth Karoline Mieger

lichtschattenpartie
sonnenspiel mit strandkörben
himmelshüpfkasten

Sofia Schlief

Licht und Schatten
aufgereiht stehen sie da
Strandkorbtage

Antje Steffen

(AN)
geordnet vorm Fabriktor
der Sonnengruß

Brigitte ten Brink

Fraktionszwang
meine Gedanken tanzen
aus der Reihe

Friedrich Winzer

Kein Sundowner im
Korb die Abendsonne lockt
wärmer andernorts

Anna Würth

stillstand
trotz Rückenwind

Marlies Rath

siegreich –
noch ihre Schatten stehen
in Reih und Glied

Angelica Seithe

Sonne, Schatten, Sand
angelegt wie ein Maisfeld
wer mag die Wüste?

Jochen Stüsser-Simpson

heißer Sommertag
wo sitzt die Familie
winkt mir fröhlich zu

Ingrid Töbermann

Wohnungswechsel
an den Wänden Umrisse
von Bildern

Klaus-Dieter Wirth

Über Leser-Rückmeldungen für die nächste SOMMERGRAS-Ausgabe würden wir uns sehr freuen. Welches Haiku gefällt Ihnen besonders und warum würden Sie es in Verbindung mit dem Foto als besonders passend empfinden?

Da dieser SG-Beitrag viel Zustimmung fand, möchten wir gerne diese Rubrik weiterführen. Für das nachfolgende Foto von Claudia Brefeld bitten wir um

Einsendungen bis zum
15. Oktober 2017

an

redaktion@deutschehaikugesellschaft.de
Stichwort „Haiku zum Foto"

Jeder Autor/jede Autorin kann ein Haiku einreichen.

Wir wählen ein Haiku aus, um – zusammen mit dem Foto – ein Haiga zu gestalten und in SOMMERGRAS 119 abzudrucken! Weitere Haiku, die wir in Verbindung mit dem Foto ebenfalls als stimmig ansehen, würden wir gleichfalls vorstellen.

Unter einer entsprechenden Rubrik auf der DHG-Website sind dann zusätzlich alle übrigen Haiku nachzulesen.

Neue DHG-Mitglieder

Neue Mitglieder in der DHG
im ersten Halbjahr 2017 – zusammengestellt von Simone K. Busch

Folgende neue Mitglieder heißen wir herzlich willkommen und freuen uns, sie mit zwei eigenen Texten hier an dieser Stelle vorstellen zu können:

Daniel Behrens aus Rzeszow/Polen

> Luft schaukelt Musik
> Noten tanzen in das Ohr
> Stille verspielt sich …

> Die Sonne kündigt
> Der Mond gibt seinen Geist auf
> Die Erde bleibt blau …

Jürgen Brauweiler aus Berlin

> Verrat der Karte
> wir sind nicht dort wo wir sind
> und fahren weiter.

> Offene Fenster
> atmen das Nachtblau herbei.
> Stöhnen der Hitze.

Petra Dindinger-Biermann aus Nules/Castalon/Spanien

> IM SAND VOGELSPUREN
> EINE WELLE VERSCHLUCKT SIE
> MÖVEN KREISCHEN SCHRILL

> DURCH DAS GEÄST SCHEINT
> WIE VERLETZT DIE ABENDSONNE
> WILL SICH ERHOLEN

Markus Fenner aus Bad Kohlgrub/Bayern

Leuchtendes Nicht-Sein
Schwach nur schimmert's durch Wolken
Von Angst vor dem Tod IM SAND

Den Platsch hör ich nicht
Mehr, ich seh nur die Wellen
Auf dem Schlafe-Teich.

Peter-Michael Fritsch aus Berlin

Vom Dach rinnt Regen
Sturm, warum tost du ums Haus?
Herbst tropft in mein Herz

Malachitatem
Erstarrt in felsgrünem Glas
Schlag zehn kommt der Mensch

Erika Hannig aus Bühl/Baden-Württemberg

Zur Sonnenwende –
zarte Blumenkränze
im Haar der Mädchen

Straßenmalerei –
nach dem Platzregen
der Engel ohne Flügel

Steve Hoegener aus Luxemburg

sonne fällt herein
strecke füße ins licht
gedanken ins frühjahr

die fliege zappelt
die spinne hängt im netz
ein vogel frisst sie

Marianne Kiauta aus GA Siebengewald/Niederlande

tussen stoeptegels
wurmt zich een worm omhoog
de kip helpt hem verder

zwischen steinplatten
wühlt sich ein wurm ans licht
das huhn hilft ihm weiter

oma zingt ...
die grote ogen
van de baby

oma singt ...
die großen augen
des neugeborenen

Jutta von Ochsenstein-Nick aus Schwäbisch Gmünd/
Baden-Württemberg

am Sonnenufer
duftet wildes Mädesüß
Hand in Hand mit dir

der Waldteich liegt still
ein Graureiher erhebt sich
und taucht in das Jetzt

Claudia Skera aus München/Bayern

Am Grünstreifen – sie
behost mit Krokuspollen
summt an mir vorbei

Morsche Leiter
der Schnee noch grau
gedämpftes Grunzen

Klaus Stute aus Lindlar/NRW

she kissed him
the moon happened
to be blue

Sie küsste ihn.
Der Mond war
gerade blau

ein Schuss
Zitrone
im Tee

Jutta Weber-Bock aus Stuttgart/Baden-Württemberg

hinter der sonne
quillt ein mülleimer ins gras
wo kippen wachsen

porsche frisst sich durch
asphalt, unter der haube
klatscht ein kohlweißling

28

Lesertexte

Ausgezeichnete Werke
Zusammengestellt von Claudia Brefeld

Der Abdruck der Haiku erfolgt mit freundlicher Genehmigung der Autoren, von denen (wenn nicht anders angegeben) auch die Übersetzungen stammen.

European Quarterly Kukai # 18

Platz 6:

light fog

the landscape around us

painted on silk

lichte Nebel

die Landschaft um uns

auf Seide gemalt

Angelica Seithe

Le CLER – Un Haiku pour le Climat 2017

Auch in diesem Jahr schrieb das französische Netzwerk für erneuerbare Energien CLER den Wettbewerb „Ein Haiku für das Klima" aus. Online und über Twitter konnte man seine Stimme für die eingereichten Haiku abgeben. Parallel dazu und unabhängig von diesen Stimmabgaben wählte eine Jury die besten Haiku aus.
Eleonore Nickolay erreichte den ersten Platz. Hier drei ihrer insgesamt fünf gekürten Haiku:

Paris –

le conducteur du 4x4

en T-shirt „Jour de la terre"

Paris –

der Jeep-Fahrer

im *Earth Day*-T-Shirt

au-dessus du green
le chant de l'alouette sort
d'un smartphone

überm Green
das Lied der Lerche
aus dem Smartphone

Journée contre la faim –
mon regard s'attarde
dans la poubelle

Welthunger-Tag
mein Blick verweilt
im Abfalleimer

Haiga: Brigitte ten Brink (Haiku) und Ruth Karoline Mieger (Foto)

Haiku- und Tanka-Auswahl September 2017

Es wurden insgesamt 188 Haiku und 36 Tanka von 71 Autorinnen und Autoren für diese Auswahl eingereicht.

Einsendeschluss war der 15. Juli 2017. Diese Texte wurden vor Beginn der Auswahl von mir anonymisiert. Die Jury bestand aus Ramona Linke, Ruth Guggenmos-Walter und Peter Wißmann. Die Mitglieder der Auswahlgruppe reichten keine eigenen Texte ein.

Alle ausgewählten Texte – 43 Haiku und 6 Tanka – werden in alphabetischer Reihenfolge der Autorennamen veröffentlicht. Es werden bis zu max. zwei Haiku und zwei Tanka pro Autor/-in aufgenommen.

„Ein Haiku/ein Tanka, das mich besonders anspricht" – unter diesem Motto besteht für jedes Jurymitglied die Möglichkeit, bis zu drei Texte auszusuchen (noch anonymisiert), hier vorzustellen und zu kommentieren.

Der nächste Einsendeschluss für die Haiku/Tanka-Auswahl ist der 15.Oktober 2017.

Jede/r Teilnehmer/in kann bis zu fünf Texte – davon drei Haiku – einreichen. Mit der Einsendung gibt der Autor/die Autorin das Einverständnis für eine mögliche Veröffentlichung auf http:/www.zugetextet.com

Jedes Mitglied der DHG hat die Möglichkeit, eine Einsendung zu benennen, die bei Nichtberücksichtigung durch die Jury auf einer eigenen Mitgliederseite veröffentlicht werden soll.

Eingereicht werden können nur bisher unveröffentlichte Texte (gilt auch für Veröffentlichungen in Blogs, Foren, soziale Medien und Werkstätten etc.).

Bitte keine Simultan-Einsendungen!

Es gibt ab jetzt die Möglichkeit, die Haiku/Tanka selbst einzutragen:
DHG- Webseite/Aktivitäten/Haiku-Tankaauswahl/Onlineformular
Oder bitte senden an: **auswahlen@deutschehaikugesellschaft.de**

Da die Jury sich aus wechselnden Teilnehmern zusammensetzen soll, möchte ich an dieser Stelle ganz herzlich alle interessierten DHG Mitglieder einladen, als Jurymitglied bei kommenden Auswahl-Runden mitzuwirken.

Petra Klingl

Ein Haiku, das mich besonders anspricht

schreibe meinen Namen
in den Sand
und werde Meer
Anke Holtz

Ein kraftvoller Strom. Über ausladende Felsformationen hinweg stürzt er als Wasserfall in die Tiefe. Während dieses Hinabstürzens lösen sich einzelne Tropfen aus ihm heraus und schweben einen Moment lang funkelnd in der Luft, bevor sie sich wieder mit dem tosenden Wasserfall vereinigen. In der Tiefe angekommen setzt der Strom seinen Weg fort.

Nichts hat mir je besser das Geheimnis des Seins und der menschlichen Existenz verdeutlichen können, als das der daoistisch-buddhistischen Tradition entstammende Bild vom Strom, der für einen kurzen Moment seine Form verändert, doch dabei immer der Strom bleibt. Der Strom: Das ist das ewige Sein und die über dem Abgrund tanzenden Wassertropfen, das sind wir, die Menschen. Wir stammen aus dem großen Strom, wir kehren zu ihm zurück, und nur für eine winzige Zeitspanne sind wir das, was wir so hoch schätzen und überschätzen: individuelle irdische Existenzen.

An dieses Bild musste ich sofort denken, als ich das Haiku las. Irgendjemand schreibt seinen Namen in den Sand. Der Name ist das, was vermeintlich am deutlichsten Zeugnis ablegt für unsere individuelle Existenz als Mensch und als unverwechselbare Person. Doch ist er nur in den Sand hineingeschrieben, in unsicheres Terrain sozusagen, und auf Zeit. Denn schon beginnt das Meer zu züngeln, seine Wellen vorzuschicken, bis diese schließlich den Namenszug im Sand auslöschen oder anders ausgedrückt: wieder heimzuholen. *Ich werde Meer.*

Für mich thematisiert das Haiku, ebenso wie das Bild vom Strom und Wasserfall, die große Frage nach dem menschlichen Sein und dem Sein an sich. Und das stellt normalerweise ja eine Herausforderung dar, bei dem die Gefahr des Scheiterns übergroß ist. Davon zeugen viele Kurzgedichte, die als künstlich gewollt und arg konstruiert daherkommen. Dieses Haiku aber ist anders. Eine Beobachtung am Strand, drei Zeilen, dreizehn Silben, einfache Worte: Sand, Name, Meer. Das ist alles. Aber alles ist drin.

Ausgesucht und kommentiert von Peter Wißmann

Ferienende
das Ächzen
der Beichtstuhltür
Ruth Karoline Mieger

Es ist nicht der Beichtstuhl selbst, der da ächzt unter der Last der Sünden aller Unkeuschheiten dieser Sommertage und -nächte und auch nicht der verborgen sitzende Pfarrer, der geradezu „verdammt" ist auszuharren.

Es ist die Beichtstuhltür.

Ob sie stöhnt, weil sie so oft auf- und zugemacht wird.

Oder ist es die eine, einzelne Gestalt, die sie ächzen lässt beim Betreten des Beichtstuhls – und beim Verlassen ächzt das Türchen dann auch noch?

Mit leisem Humor wird im Haiku eine Szene beschrieben, die die Fantasie anregt.

Wie nebenbei geht es um die großen Themen Liebe, Schuld und Hoffnung auf Vergebung.

Ich kann mich an diesem Haiku immer wieder erfreuen.

Ausgesucht und kommentiert von Ruth Guggenmos-Walter

Raureifmorgen
Möwen kuscheln sich
an ihre Schatten
Klaus-Dieter Wirth

Wie die Menschen ziehen bei Kälte wohl auch die Möwen die Köpfe ein, damit schrumpfen ihre Schatten bzw. werden rundlicher. Aber es ist nicht nur so, dass die Möwe und ihr Schatten damit enger zusammenrücken. Die Vögel „kuscheln sich an" – und das drückt für mich ein Schutzsuchen wie in einem Nest aus, aber auch ein sich Wohlfühlen. Den Möwen macht der Raureif nichts aus, sie erwarten in-sich-geschützt den Morgen.

Und was für ein schönes Verhältnis eines Lebewesens zu seinem Schatten!

Eine „kleine" Beobachtung, sehr persönlich in einem interessanten Bild interpretiert.

Eigentlich für mich das, was ein gutes Haiku ausmacht.

Ausgesucht und kommentiert von Ruth Guggenmos-Walter

Genesung
meine Hand zittert
ein Haiku
Friedrich Winzer

War zuerst die Genesung da oder tritt die Genesung erst ein, als die zittrige Hand das erste Haiku schreibt? Vielleicht zittert sie es auch in die Luft.

Das Haiku beschreibt einen Wendepunkt – und mit dem „meine Hand zittert ein Haiku" – finde ich es sehr berührend ausgedrückt.

Ausgesucht und kommentiert von Ruth Guggenmos-Walter

Die Auswahl

Abendlicht –
die alte Nachbarin
pflanzt Vergissmeinnicht
Ellen Althaus-Rojas

Einsetzender Regen
Halme und Menschen
richten sich auf
Ellen Althaus-Rojas

Kräuterbeete
der Gärtner trocknet
Sommerdüfte
Christa Beau

Mitternacht
die Buchseiten des Krimis
knistern
Christa Beau

in der Kapuze
nach dem Blaubeerpflücken
eine Handvoll Wald

Christof Blumentrath

Ins Tümpelidyll
der brüchige Steg
wie jeden Morgen

Horst-Oliver Buchholz

Morgendämmerung.
Eine Amsel zieht
alle Register.

Reinhard Dellbrügge

Stand auf dem Flohmarkt.
Für das Herbstlaub
bietet niemand.

Volker Friebel

Tonarten …
Das Wässern der Salzgärten
mit der Abendflut.

Hans-Jürgen Göhrung

Regennacht –
unter blankem Himmel
der Duft des Herbstes

Taiki Haijin

historischer Markt
brüchige Landkarten
vom Frieden

Martina Heinrich

erste Rostflecke
auf den Blättern der Linde –
wir beide erröten …

Gerd Börner

vertraute Handschrift
Liebe
verstaut in Schachteln

Stefanie Bucifal

endlich zu Ende geträumt
den Traum
von den blauen Pferden

Frank Dietrich

der Junge
Schneebälle wirft
für sich allein

Gregor Graf

Totenwache.
Er blättert zum Ende
des Buchs.

Hans-Jürgen Göhrung

Gewitterwolken
ein Vogelschwarm wechselt
die Farbe

Gabriele Hartmann

schreibe meinen Namen
in den Sand
und werde Meer

Anke Holtz

im Rosengarten
unter all den Schönen
keine, die duftet

Angelika Holweger

Neues Lebensjahr
immer wieder die Fähre
zur nächsten Insel

Petra Klingl

staubige Straße –
komm mit kleine Ameise
ich zeig dir das Meer

Eva Limbach

Ich pflücke Blumen –
eine nach der anderen.
Den Mohn lass ich stehn.

Karina Lotz

Ferienende
das Ächzen
der Beichtstuhltür

Ruth Karoline Mieger

verlassenes Haus
im Wind das Klagen
der Pforte

Eleonore Nickolay

Ehrengast heut nacht.
In der skyline von manhattan
Der vollmond

René Possél

Gebückt betend,
die Alte am Straßenschrein,
rosa blüht Klee.

Saskia Ishikawa-Franke

Blonde Zöpfe
langerwachsene
Gedanken

Hildegard Korsten

Abenddämmerung –
Vater sitzt
in meinem Schatten

Eva Limbach

An der Tram-Halte –
der Wind lässt's Friedhofstürchen
dann doch einklicken

Horst Ludwig

Kraniche rufen
unser Schweigen dreht sich
himmelwärts

Ruth Karoline Mieger

Mondsichel
ein weiteres Mal
verzeihe ich ihm

Eleonore Nickolay

die Zecke
unter dem Auge
tagelang übersehen

Petra Quintus

auf dem weg zur alm
unter den rädern das knirschen
der häuser

Sonja Raab

nachtigall …
das flüstern der bäume
ums verkaufte haus

Helga Stania

Kunstwanderweg
ein alter Graswender
wird zum Shootingstar

Brigitte ten Brink

Geborgenheit
der Schattenbaum
im alten Friedhof

Erika Uhlmann

Monatsende
der Leergutautomat
spuckt Stütze

Friedrich Winzer

Raureifmorgen
Möwen kuscheln sich
an ihre Schatten

Klaus-Dieter Wirth

mandelkerne –
bitter der nachgeschmack
deiner worte

Birgit Schaldach-Helmlechner

goldhochzeit
die störche tragen den
sommer fort

Helga Stania

im krummen Wald
keiner kennt das Geheimnis
seiner Geburt

Brigitte ten Brink

Genesung
meine Hand zittert
ein Haiku

Friedrich Winzer

Flamingos
Flamingos im Abendrot
Abendrot

Klaus-Dieter Wirth

der Mond entfernt sich
3,82 cm pro Jahr
von der Erde

…deine Finger gleiten
aus meiner Hand

Frank Dietrich

Italiener
will er sein
doch jede Nacht
träumt er
von Palmyra

Gabriele Hartmann

früh erwacht
sah ich den vollen Mond
tief am Horizont
schien er
der Amsel zu lauschen

Angelica Seithe

was für einen Brief
er heute erhalten hat
mag ich nicht fragen
so schneide ich schweigend
die Stiele der Rosen an

Gabriele Hartmann

Hospizstation
in kühler Stille
ein leises Gurgeln

das Lied der Amsel
vor der Nacht

Margareta Hihn

Blickweit das Korn
in sanften gelben Wellen
wo versteckt es sie
die blaue Namensblume
und den leuchtend roten Mohn

Erika Uhlmann

Mitgliederseite

Jedes Mitglied der DHG hatte die Möglichkeit, eine Einsendung zu benennen, die bei Nichtberücksichtigung durch die Jury der Haiku- und Tankaauswahl auf dieser Mitgliederseite veröffentlicht werden soll.

Aus meinen Träumen
ruft der Stieglitz mich frühmorgens
ins Ehebett zurück
Johannes Ahne

faltenschönheit
natürlich hängen
am leben
Sylvia Bacher

Ahnung im Geiste
Ein Hauch von Engelsflügeln
Hinter den Dingen
Daniel Behrens

neues Telefon
sie zerreißt die Anleitung
in kleine Schnipsel
Martin Berner

am Strand –
ein Märchen geht vorüber
mit einem Sommerhut
Gerd Börner

Windgraues Papier
Zum Tuschen bereitgelegt
Wie starrst du mich an
Peter-Michael Fritsch

das Schnaufen der Kühe
die Sehnsucht des Hirten
vom Berg nur vernommen
Gregor Graf

Spätsommermorgen
an der Tür noch der Geruch
von deinem Parfüm
Hans-Jürgen Göhrung

Das Donnern der See
bei kräftiger Brise, ach,
klackernde Steine.
Claus Hansson

Säulenbasalt
im letzten Licht tanzen
Eintagsfliegen
Gabriele Hartmann

junges eichkätzchen
fassadenkletterer, du
pausierst auf meinem rad
Bernhard Haupeltshofer

Wandernde Schatten
im Biergarten ein junger Mann
im Kleid
Birgit Heid

Wolkenloch
ein Vorhang aus Licht
gleitet zur Erde

Angelika Holweger

Bergwanderung –
mit Sonne gefüllt
die Viehtränke

Silvia Kempen

überschallflug
im himmelblau kreist
ein bussard

Sonja Raab

Farbenfroher Glanz
im Lächeln der Mohnblüten
nach Nieselregen

Angelika Hilde Timm

Westbürger reisen
zurzeit zu Luthers Stätten.
Schönes Thüringen!
die Veränderung ist groß.
Nach der Wende – das Wunder!

Christa Wächtler

Die Perlenschrift des Morgentaus
kommt ganz ohne
Schnörkel aus

Annelie Kelch

Drachen
farbig, schlagen
kapriolenüber

Hildegard Korsten

Wolkenbilder
skurrile Formen
der Wind entschlüsselt sie

Rita Rosen

vor der Nachtruhe
letzter Blick in den Himmel
schmunzelt der Mond

Ingrid Töbermann

Haibun

Birgit Lockheimer

Organ²/ASLSP (2)

Ein sonnig-heißer Junitag. Seit meinem ersten Besuch in Halberstadt sind fünf Monate vergangen. Das John-Cage-Projekt, die Aufführung des langsamsten Musikstücks der Welt, das laut Anweisung des Komponisten „as slow as possible", kurz ASLSP, zu spielen ist, ist mir seitdem nicht mehr aus dem Kopf gegangen.

Als ich an diesem Sommertag in das Halbdunkel der Burchardi-Kirche trete, umhüllt mich wohltuende Kühle. Lange Zeit bin ich die einzige Besucherin und kann mich ungestört durch das Kirchenschiff bewegen. Ich lausche dem sphärischen Klang der fünf Orgelpfeifen und spüre die durch den Dauerton verursachte Schwingung im Raum. Je nachdem, wo ich mich gerade befinde, verändert sich der Klang um Nuancen, mal lauter oder leiser, etwas höher oder tiefer. Dabei handelt es sich unzweifelhaft um den immer gleichen Akkord, der noch bis zum nächsten Klangwechsel im Jahr 2020 ertönen wird. Schon bald höre ich das Blut in meinen Adern rauschen und ich spüre die Schwingung in mir. Die Grenzen zwischen innen und außen verschwimmen.

Innehalten
in der Dunkelheit
das Zittern der Sterne

Brigitte ten Brink

Die Froschkönigin

Queen Elizabeth trug im Jahr 2016 anlässlich ihrer Geburtstagsparade ein sehr grünes Kostüm mit passendem sehr grünem Hut. Benni, zwei Jahre alt, schaute der Fernsehübertragung zu:

> wie im Märchen
> in der Kutsche
> sitzt ein Frosch

Angelika Holweger

Erinnert

Ich trage einen geblümten Pullover. Ob dies der Grund ist, dass ein Schmetterling ganz kurz meine Brüste streift, ich weiß es nicht. Diese Berührung jedoch, kaum wahrnehmbar, verzaubert diesen Tag.

> „Sag mir das Wort …"
> aus der Tiefe
> Mutters Lied

Simone K. Busch

In Harmonie

Früh morgens, beim Auschecken aus dem Ryokan, frage ich in meinem Überlebensjapanisch, wie ich am schnellsten zum Bahnhof komme. Die Rezeption des Hotels ist eine kleine Luke, eingerahmt von Holz in der Farbe dunkler Sojasoße. Neben einer eingestaubten Telefonanlage steht der Rezeptionist. Er lächelt und zieht eine faltige Kladde hervor. Flüsternd gleitet er Zeile für Zeile mit dem Finger über die Abfahrtszeiten des städtischen Busses. Dann entschuldigt er sich mehrfach und bietet mir an, ein Taxi zu bestellen.

Vor dem Hotel wartend beobachte ich, wie Busse von japanischen Reiseveranstaltern ankommen. Sie entlassen ihre Fracht am Eingang des Adachi Museums of Art und fahren wieder ab. Das Museum liegt in der Präfektur Shimane am japanischen Meer. Dies ist weit von den Touristenzentren Tokyo oder Kyoto entfernt, und außer mir gibt es hier keinen weiteren westlichen Touristen.

Am Bahnhof angekommen, kann ich gerade noch die roten Rücklichter meines Zuges erahnen. Der nächste fährt in einer Stunde. Mit dem Ticket in der Hand lasse ich mich auf eine Bank im Warteraum nieder. Stille. Ich sinke tiefer in meine Gedanken. Plötzlich spricht mich jemand auf Japanisch mit meinem Namen an. Neben mir steht der Rezeptionist. Er verbeugt sich tief, entschuldigt sich mehrfach, lächelt und hält mir eine kleine, bunt bedruckte Papiertüte entgegen.

Ingwerkekse
ein fremder Vogel pfeift
übers leere Gleis

Gabriele Hartmann

wilde Vögel

Ich krame im Portemonnaie, werfe die letzten Münzen ein, drücke Grün, entnehme das Parkticket.

„Was kostet es denn?", fragt eine Fremde.

„40 Cent die Stunde", gebe ich zur Antwort.

„Ich hab nur 50", erwidert sie.

„Dann müssen Sie länger bleiben", entscheide ich schmunzelnd.

Kommandantur
hier lernten die Eltern
sich kennen

„Das Fenster, dort oben. In dem Zimmer habe ich immer geschlafen, wenn ich Großmutter besuchte", berichtet mein Mann. „Es gibt einen Gewölbekeller, den ich nicht so gerne betrat. In meinen Träumen begegnete ich dort gemeinen Bogenschützen. In der Voliere hielten sie Vögel." Die Cousine wird sich später daran erinnern, dass die wilden Vögel tagsüber gefangen wurden und sonntags den Speiseplan bereicherten.
Zum Abschluss ein Friedhofsbesuch. Das Familiengrab wurde bereits zu Lebzeiten gekauft. Das „C." steht für Karl. Für die verstorbene Ehefrau findet sich kein Buchstabe.

Augenmenschen,
die wir sind … im geharkten Kies
poröse Knochen

Haiga: Sonja Raab

Tan-Renga

Christof Blumentrath und Gabriele Hartmann

leise Worte …   flatternde Lider
wir nähern uns   er träumt von
der Grenze   Satori

ein Vogelschrei   sie bläst
teilt die Nacht   die Kerze aus

CB / GH   CB / GH

Gabriele Hartmann und Angelica Seithe

Sommerwind –   Schattenschlummer –
ihr Seidenschal fliegt   die Sommerwärme
ihm entgegen   deckt mich zu

mit verbundenen Augen   daunenleicht verlieren sich
nach den Sternen greifen   deine Worte

AS / GH   AS / GH

Vollmondnacht –
sie wagt es
‚nein' zu sagen

wolkenverhangen
die fernen Gipfel

AS / GH

Eva Limbach und Horst Ludwig

Herbstabendsonne
glühend die Wolkenkratzer
am anderen Ufer

ich träume nun häufiger
von einer letzten Reise

HL/EL

Ruth Karoline Mieger und Brigitte ten Brink

im Wettstreit
mit der Sonne
gelbe Chrysanthemen

Memory spielen
heute gewinnt mein Enkel

BtB / RKM

Blick ins Tal
auf Nebelbänken
ausruhen

silberne Hochzeit
die Farbe der Rosen wie damals

BtB / RKM

Gabriele Hartmann und Horst Ludwig

Eine Sternschnuppe
noch eine, weit und kurz
in welche Stille

ertönen Morsezeichen
unter Tag' lebt noch einer!

HL / GH

Rengay

Ramona Linke und Helga Stania

windgebürstet

Bøyabreen
der Klang unendlich
vieler Blautöne

wo Munch malte
ein einsamer Flaneur

im Sucher
die frühen Nebel
über dem Sogn-Fjord

windgebürstet …
ihr alten Eschen
ihr Mythenbewahrer

ein Seeadler gleitet
durch unser Schweigen

Griegs *Melancholie**
der Winternacht
tanzende Bänder

*Edvard Grieg, Lyrische Stücke, Op.47

RL: 1, 3, 5 / HS: 2, 4, 6

Simone K. Busch und Gabriele Hartmann

eingeflochten

Johannisfeuer
wenn du diese Zeilen
liest

auf den Strandkieseln
liegt tropfnasser Kelp

beim dritten Klang
umarmen
die Bäume

Mutters Parfüm
eingeflochten
in den Brautkranz

eine Ahnung von Herbst
hinterm Horizont

Hotel Atlantik
der Rezeptionist ordnet
Träume

GH: 1, 3, 5 / SKB: 2, 4, 6

Kettengedichte

Zukünftig können jetzt auch längere und lange Kettendichtungen einge-
reicht werden, diese werden dann aber nicht mehr im SOMMERGRAS,
sondern auf der DHG-Website, parallel zur jeweiligen SOMMERGRAS-
Ausgabe veröffentlicht. Auf diese Weise wird die gemeinschaftliche Ket-
tendichtung besser gefördert, da es so keine Platzeinschränkungen mehr
gibt, die beim SOMMERGRAS ja immer eine Rolle spielen.

Die Kettendichtungen (*renku*) bitte immer mit dem zugrunde liegenden
Schema einreichen, da es so für die Leser besser nachvollziehbar ist.

Wir freuen uns auf Ihre Zusendungen!

Angelika Holweger und Ilse Jacobson

schwarze Feder
Renhai

Abbruchhaus
jetzt wandert Mondlicht
über weiße Kiesel   IJ

im Gras die glänzend schwarze Feder   AH
Großmutters Märchenaugen   IJ

aus dem alten Gemäuer
klagend
ein Käuzchen ruft   AH

Claudia Brefeld und Helga Stania

Stadt-Land-Fluss
drei Yotsumono

Neonreklame

Nachtschwüle
im Bahnhofsviertel
verkaufte Liebe

auf den Spuren von Hafis
Schiras durchstreifen

Khao San Road
zwischen Neonreklame
keine Sterne

unter Autoabgasen
mondblass blühen Astern

CB: 1, 3 / HS: 2, 4

weit im Outback

die Sichel hell
am Horizont
Wilde Narzissen

mit fliegenden Mähnen
rennen und buckeln

weit im Outback
das Geheimnis
der Petroglyphen

Galitzenklamm – meine Fragen
hallen durch den Herbst

HS: 1, 3 / CB: 2, 4

Spiegelbild

seichtes Flussufer
wild durcheinander
Kindersandalen

zum Ganges:
Der lange Weg des Saddhu

Spiegelbild
miteinander verwoben
die Seerose und ich

Erntemond –
im Strudel ein leeres Boot

CB: 1, 3 / HS: 2, 4

Haiku und Tanka aus dem Internet

Internet-Haiku-Kollektion
von Claudia Brefeld, Simone K. Busch und Eleonore Nickolay

Aus den Monatsausgaben Mai, Juni, Juli 2017 von Haiku-heute, haiku-like, VerSuch und Tageshaiku wurde folgende Auswahl (32 Haiku) für SOMMERGRAS zusammengestellt:

vermooster Baumstumpf …
hinter dir war
ein sicheres Versteck

Claudia Brefeld
Haiku-heute

Dort beim Gartentor
wo wir Abschied nahmen
lippenroter Mohn

Horst-Oliver Buchholz
haiku-like

weißer flieder
der blinde atmet
das licht ein

Cezar-Florin Ciobîcă
Haiku-heute

Auf Reisen
in der Teetasse
Niemandsland

Beate Conrad
VerSuch

Stromausfall
unsere alten Geschichten
im Kerzenschein

Ralf Bröker
haiku-like

Mauersegler
über den Stacheldraht …
wieder zurück

Simone K. Busch
haiku-like

Bahnhofsstation
aus vergangener Zeit
selbst der Sommerwind

Beate Conrad
VerSuch

~~Mystifizierungsmultiplikator~~

Mittsommernacht   der Duft   ihrer Worte

Beate Conrad
VerSuch

Exoplaneten –
unsere Träume
im Orbit

Gerda Förster
VerSuch

im Friseursalon
fremde Lebensgeschichten
und Shampoo im Ohr

Konstanze Frei
haiku-like

Allein am Meer …
zwischen all den Steinen
Stein sein

Heike Gericke
Tageshaiku

Urlaub zu dritt …
Reden reden zu viel
Kondome

Heike Gericke
Haiku-heute

jetzt wo ich's weiß
Großmutters Blick auf den Fotos
ein anderer

Anke Holtz
Haiku-heute

Beschleunigung –
im toten Winkel unscharf
ein Engelsflügel

Anke Holtz
VerSuch

Truppenübungsplatz
die automatische Kamera fängt
einen Wolf

Friedrich Kelben
Tageshaiku

lagerfeuer
unser schweigen
schlägt funken

Tobias Krissel
Haiku-heute

Wildbienen –
ihr Nest gleich neben dem
Insektenhotel

Eva Limbach
Haiku-heute

wieder zuhause –
ich erzähle dem Goldfisch
vom Meer

Eva Limbach
Haiku-heute

Diagnosebesprechung …
die Stromschnellen im Fluss ihrer
Gedanken

> **Ramona Linke**
> VerSuch

Schreibblockade
wie das Mondlicht spielt
mit kahlen Wänden

> **Diana Michel-Erne**
> haiku-like

Wäscheleine
meine Bluse hängt
an einer Wolke

> **Eleonore Nickolay**
> Haiku-heute

Morgens im Park
der Mann mit der Boule-Kugel
spielt mit dem Licht

> **Gerd Romahn**
> Haiku-heute

Verträumtes Wandern –
eine Wurz
el …

> **Dyrk-Olaf Schreiber**
> Haiku-heute

erstes Date –
ein Krokus stemmt
die Erde auf

> **Angelica Seithe**
> Haiku-heute

am Gletschersee
meine Gedanken tauchen nackt
bis zum Grund

> **Ramona Linke**
> VerSuch

Musikschule
ein Geiger zersägt
die Melodie

> **Martina Müller**
> Haiku-heute

abgeschoren
dein aschenes haar
sulamith

> **Sonja Raab**
> haiku-like

sehr weit zurück …
silberhäutig im staub steh'n
des sonnennebels

> **Birgit Schaldach-Helmlechner**
> VerSuch

„cheese"
ein rest von petersilie lächelt mit

> **Rosemarie Schuldes**
> Haiku-heute

milder Apriltag
der geschlossene grüne Bus
mit Häftlingen

> **Dietmar Tauchner**
> Haiku-heute

schwarzwaldnacht
mit janis joplin am feuer
den mond anheulen

Peter Wißmann
Haiku-heute

Sommerwind
im Bambushain
angeraute Stille

Klaus-Dieter Wirth
Tageshaiku

Internet-Tanka-Kollektion
von Claudia Brefeld, Eleonore Nickolay und Simone K. Busch

Aus dem Online-Magazin für Tanka „Einunddreißig" wurde folgende Auswahl für das SOMMERGRAS zusammengestellt:

Mutters Nippes
soll ich mein Heim füllen
mit Erinnerungen
wo doch so viel Raum
in meinem Herzen ist

Valeria Barouch

die Liebenden vereint
trotz aller Widrigkeiten …
ist dies nicht der Punkt
an dem eine Geschichte
erst wirklich beginnt?

Tony Böhle

die Schale
bis zum Rand gefüllt
mit grünem Tee
ich trinke
die Stille des alten Teichs

Frank Dietrich

Mohn —
ein Schmetterling
ruht
auf dem Gipfel
der Zerbrechlichkeit

Ilse Jacobson

seine Äste
zur Leier gebogen
im alten Baum
spielt nun der Wind
unsere Lieder

Ilse Jacobson

mehr als die Hälfte
ist meine Zeit verstrichen
in Zentimetern
messe ich die Abstände
für Krokuszwiebeln

Silvia Kempen

Tag der offenen Tür
im neuen Pflegeheim
wie hell und freundlich
vergeblich versuche ich
nicht berührt zu werden

Eva Limbach

Mail im Sommerwind –
zwischen den Zeilen
raschelnder Ähren
steht unausgesprochen
der leuchtende Mohn

Angelica Seithe

Oktober-Gaben:
Kastanien, neuer Wein
und reife Äpfel!
Die Messerspitze Schwermut
nehme ich gerne in Kauf.

Conrad Miesen

Abendsonnenlicht
auf den Wellen
ein Flussgott
dehnt seinen Schatten
und wird ein Weidenbaum

Helga Stania

Haiga: Silvia Kempen

Rezensionen/Besprechungen

Volker Friebel

Das Knospen-Buch

Das Knospen-Buch von Hans-Peter Kraus. Haiku und andere Kurzgedichte. epubli, Berlin. 2017. ISBN 978-3-7450-9299-8. 154 Seiten.

Ich klappe das Buch zu, schließe die Augen und erinnere mich.

HaikuHaiku – der Beginn des deutschsprachigen Haiku im Netz. Hans-Peter Kraus hatte 1999 erstmals „Gäste-Haiku" auf seiner Netzseite veröffentlicht und daraus dann eine Auswahl erstellt. 60 Haiku gingen das Jahr über ein, 12 davon veröffentlichte er als Auswahl. Im Jahr 2000 wurden schon 215 Haiku eingesandt und veröffentlicht – und über die Auswahl-Haiku entschied nun eine Jury. 2001 stieß ich selbst dazu. Etwa 580 Haiku gingen ein, Halbjahres-Auswahlen wurden erstellt. 2002 gingen über 1.400 Haiku ein und es gab Vierteljahres-Auswahlen. Erst ab 2003 wurde nicht mehr jedes eingehende Haiku auf die Netzseite gesetzt, es waren einfach zu viele, sondern nur noch die vierteljährlich von der Jury ausgewählten.

Das war eine spannende Zeit. Die Auseinandersetzungen im Forum von HaikuHaiku, das kann man so sagen, haben dem deutschsprachigen Haiku eine neue Richtung gewiesen.

Gerd Börner, der in der Jury von HaikuHaiku tätig war, baute parallel eine erste Netzseite für die Deutsche Haiku-Gesellschaft auf. Die Gesellschaft wurde damals als starr und fast tot wahrgenommen, nicht mehr als Plattform, sondern als Hindernis für die Entwicklung des deutschsprachigen Haiku. 2003 wurde dann Martin Berner Vorsitzender und riss das Steuer herum.

Mitte 2003 dann ein Schock: Hans-Peter Kraus kündigte die Schließung von HaikuHaiku an, das Forum für das neue deutschsprachige Haiku war damit tot. Im Kreis der urplötzlich heimatlos gewordenen Autoren wurde noch erwogen, eine Nachfolgepräsenz zu eröffnen. Aber „Wer soll so etwas aufmachen?", schrieb ich damals skeptisch.

Nun, anderthalb Jahrzehnte später, hat Hans-Peter Kraus in diesem Band seine Artikel zum Haiku versammelt, so wie sie auf HaikuHaiku erschienen sind, und eine Auswahl seiner eigenen Haiku, ergänzt um einiges Neue. Das Buch hat einen festen Einband und ist betont einfach gehalten: weißer Hintergrund, schwarze Schrift, dazu nur ein knospender Zweig, gemalt wie ein Scherenschnitt.

Die Prosa zeichnet sich durch Direktheit aus. Meist salopp geschrieben, weiß sie den Leser zu packen und die Dinge auf den Punkt zu bringen. Tatsächlich hat sie das deutschsprachige Haiku verändert.

Die Haiku von Hans-Peter Kraus scheinen oft schlicht. Shiki mit seinem Konzept des „shasei" (Die Wirklichkeit so beschreiben, wie sie ist) stand hier offensichtlich Pate – aber auch die einfache Sprache von Richard Brautigan, einem US-amerikanischen Kult-Autor der 1960er- und 1970er-Jahre. Die neueren Texte, so schreibt Kraus in seinem Nachwort, experimentieren etwas mit Inhalt und Form. Einige Beispiele:

das neue Jahr beginnt
mit Regen aus dem alten

scharrende Schaufeln
lautlos
fällt weiter der Schnee

sonniger Morgen
in den Kirchenfenstern
spiegelt sich nichts

Menschen an der Haltestelle
schweigen
warten

vor dem Sitz des Weltkonzerns
die Rasenfläche
durchsetzt mit Erdhügeln

vor der Praxis der Frauenärztin
ein Mann und
eine Frau
umarmen sich

ein Regentropfen
lässt die Fische im Teich
auseinanderspritzen

ein Schatten fällt
ein Blatt folgt
im Licht der Laterne

die Witwe
nun sind auch
ihre Haare schwarz

eine perfekte Schneeflocke
landet auf dem Dachfenster
und schmilzt

„*Der Haiku-Dichter begnügt sich damit, das Ereignis dem Leser unmittelbar hinzustellen, Kommentierungen oder kunstvolle Wortschöpfungen sind nicht gefragt*", schreibt Hans-Peter Kraus (Seite 116).

Das Haiku entwickelt sich bei uns allerdings in eine andere Richtung, gleicht sich westlicher Lyrik an, ist fast schon westliche Kurzlyrik geworden, immerhin meist (noch?) mit einem haikuesken Schuss Gegenständlichkeit und Gegenwärtigkeit.

Ist das gut oder schlecht? Es ist so. Ein bisschen Korrektur in die von Kraus favorisierte Richtung wäre allerdings günstig, um das Haiku als eigenständige Literaturform zu erhalten. Dieses Buch mit seinen Haiku und den Artikeln könnte dazu etwas beitragen. Ich finde es unbedingt empfehlenswert.

Gabriele Hartmann

Blütenreiches Jahr

Blütenreiches Jahr von Karina Lotz. Postkartenkalender 2018. edition federleicht.

2018 wird ein duftendes, „*Blütenreiches Jahr*", verspricht Karina Lotz in ihrem Postkartenkalender (21 x 14,5 cm) und erhält Rückendeckung von Norbert Schrepfer, der die Fotos beisteuert.

Noch weht ein *Hauch von Winter*, doch schon wird der *Schneemantel abgestreift* und enthüllt einen *prachtvollen Tulpenkopf*, während *Zitronenfalter genüsslich* vom *Blumenkonzert naschen*. Wer mag wohl ihr *Kleid zerknittert* haben? Nein, der *Gärtner* war es nicht … Schon *steigt Nebel empor*, der *Abschied beginnt*, nicht ohne eine *goldene Zeit* zu prophezeien, *neigt sich dem Ende zu* und *kündet Wiederkehr*.

Zwölf Blüten werden portraitiert und in den Haiku namentlich vorgestellt. Im klassischen Silbenrhythmus mit Jahreszeitenwort begleiten sie den Liebhaber traditioneller Haiku durch das Jahr und dienen hernach als Postkarte. Nein, diese berückenden Fotos tragen kein Verfallsdatum, denn das eigentliche Kalendarium soll entlang einer feinen Linie beherzt abgeschnitten werden, wonach die 2,5 cm schmalen Streifen als Lesezeichen fungieren und auf der Rückseite außer Blütenfragmenten eben die Haiku tragen, welche auf der Vorderseite die Blumenbilder im Stil des Haiga vertiefen. Hier bleibt Karina Lotz mit ihren Haiku dicht am Bild und dürfte so den Geschmack des breiten Publikums treffen.

Und da ist sie auch schon, die dreizehnte Blüte, ohne Haiku dieses Mal, das Ende bleibt – wie man es erwartet – offen. Auf der Rückseite haben sich die zwölf Monatsblätter noch einmal versammelt.

Das Impressum findet sich rückseitig des Titelblattes, das mit seinen schwebenden Kapseln, Mohnblüten und Stempeln das Gesetz von Werden und Vergehen im Kreislauf der Jahre symbolisiert.

Jetzt sind Sie auf den Geschmack gekommen, möchten mehr als bloß die in kursiv gesetzte Kostproben im zweiten Absatz, ja die vollständigen Haiku lesen, die farbenfrohen Bilder sehen – da empfehle ich, rechtzeitig zuzugreifen, bevor der Postkartenkalender 2018 *„Blütenreiches Jahr"* vergriffen ist. Zu beziehen ist der von Gerd Mohler professionell gestaltete Schatz im stabilen, durchsichtigen Etui-Aufsteller im Verlag ©edition federleicht (www.edition-federleicht.de).

das Einheimische
betrachten
im Museum

Haiga: Winfried Benkel (Haiku)
und Claudia Brefeld (Foto und Gestaltung)

Brigitte ten Brink

Die Harfenfichte

Die Harfenfichte (Haibun und Haiga) Haibun von Rita Rosen, Haiga Bild und Bildgestaltung Eva van der Horst, Haiku Rita Rosen. Engelsdorfer Verlag, Leipzig. 2016. ISBN 978-3-96008-5. 81 Seiten.

Traditionell sind Haibun Reisegeschichten, und diese Tradition greift Rita Rosen in ihren Haibun auf. Sie ist auf Reisen, und das in einem wortwörtlichen aber auch in einem übertragen Sinn. Sie reist in ferne Länder und fremde Städte, schreibt aber auch über Begegnungen in ihrer unmittelbaren Umgebung und wandert in Gedanken in die Heimat ihrer Kindheit und wieder zurück in die Gegenwart wie in dem titelgebenden Haibun *Die Harfenfichte*. In einem kurzen Vorwort beschreibt sie, was Haibun für sie bedeuten: *Die Themen des Haibun beruhen auf wahren Begebenheiten. Der Verfasser des Haibun erzählt von einem Erlebnis und gestaltet den Text aus seinem inneren Erleben heraus.* (S. 5)

So sind ihre Haibun denn auch Erlebnisberichte, die den Leser eindrucksvoll mit auf die Reise nehmen und ihn teilhaben lassen an diesen wirklich besonderen Augenblicken in New York, in Spanien, Hawaii, Neuseeland, in Wiesbaden, der Eifel und vielen anderen Orten. 28 Haibun enthält dieser Band, genauer gesagt 29, weil das letzte sowohl im Eifeler Dialekt *(Eefeler Platt)* als auch in Hochdeutsch enthalten ist. Die Haiku, die die Prosatexte begleiten, sind im klassischen 5-7-5 Stil oder im freien Stil mit weniger als 17 Silben geschrieben. Hier verwischen sich hin und wieder die Grenzen zwischen Haiku und Senryû aber auch zwischen Haiku und Gedanken- bzw. Gefühlslyrik und Aphorismus, wie zum z. B. in dem Vers am Schluss des ersten Haibun *Bilder*

> *schließe ein Bild in dein Herz, verwahre es gut, dort vergilbt es nicht*   (S. 12)

oder das Haiku am Ende von *Tradierung*

> *Tänze der Menschen in aller Welt erfreut ihr Rhythmus das Herz*   (S. 27)

Mir persönlich gefallen am besten die Haiku, die kurz und prägnant eine Beobachtung aus dem Text herausgreifen und so dessen inhaltliche Aussage untermalen.

Begegnung am Strand ein Händedruck – und hohe Wellen schlägt das Meer
(S. 31)

Dieses Haiku steht am Anfang des Haibun *Drei Frauen*. Oder der Beginn des Haibun *Das Christkindchen*, das unter dem Titel *Et Chresskendche* auch im Eifel-Dialekt zu lesen ist

dä Hemel so ruet	*der Himmel so rot*
et Chresskendche bäk Plätsjer	*das Christkindchen bäckt Plätzchen*
door mer fröher soon (S. 76)	*sagte man früher* (S. 78)

Fünf Haiga sind in unregelmäßigen Abständen zwischen die Textseiten gestreut. Eines von ihnen fungiert gleichzeitig als Coverbild und präsentiert sich in gelbweißem Gewand mit hellen bläulichen und grünlichen Sprenkeln als Sommerbote, wie das eingefügte Haiku verrät. Die den Haiga zugrunde liegenden Collagen aus übereinander geklebten und mit Acrylfarben in Lasurtechnik bearbeitetem China- und Japanpapier stammen von Eva van der Horst, die auch die Gestaltung der Haiga übernahm und die Haiku von Rita Rosen einfügte. Hier trifft eine abstrakte Bildgestaltung auf die Beschreibung einer konkreten Beobachtung. Ein Beispiel sei hier genannt. In einem aus überwiegend in grauen und beigen eckigen Farbfeldern gestaltetem Werk mit einem dunkelroten Mittelteil steht das Haiku

die alte Katze auf dem warmen Mauerstein kein Spatz lockt sie mehr   (S. 19)

Für mich eine gelungene Korrespondenz zwischen Bild und Text, symbolisieren doch die fahlen Grau- und Beigetöne hier das Alter und der rote Block die Wärme, die noch genossen wird.

Dieser Band wird nicht jeden Geschmacksnerv treffen, doch Rita Rosen ist eine Autorin, die neben schwächeren immer wieder hervorragende und berührende Haiku-Momente zu Papier bringt und den Leser in ihren Prosatexten gekonnt mitten in das Geschehen zieht, dem sich dieser wiederum nicht mehr entziehen kann.

Tausendundmeine Sonne

Tausendundmeine Sonne (1000 und 1 Siebzehnsilber) von Joachim Gunter Hammer. Verlagshaus Hernals, Wien. 2017. ISBN 978-3-902975-43-0. 216 Seiten.

Dem stattlichen Band sind zwei Zitate der Dichter Taifuno und seines Sohnes Chao-tse vorangestellt. Die beiden *sind und sind nicht*; sie entziehen sich dem Zugriff Googles, begleiten jedoch den Dichter seit Jahrzehnten und stellen ihm ihre Mottos freundschaftlich zur Verfügung. Mit trockenem Witz reduzieren sie für ihn die Wirklichkeit, in der Arbeit des Lebens wie in jener des Dichtens, auf ihr Wesentliches.

Dieses Buch kann man nicht „lesen" im herkömmlichen Sinn, von der ersten bis zur letzten Seite; man muss darin spazieren gehen, sich einmal da, einmal dort niederlassen, warten, bis die eigene Unruhe abklingt, Stille eintritt. Kapitelüberschriften bilden dabei Wegweiser – eher ins, als durchs Schwankende, Verwirrende.

Beim Lesen umwanderst du
jeden Satz, Blatt für
Blatt hältst du inne.

Hier entsteht aus einer Sprache von pulsierender Kraft reinste Poesie, gepaart mit bewusstem Aufdröseln der Gedanken, oft als Wortspiel, unerbittlich und leichthin zugleich: *sterbenslang; es widerschweigt*. Wiewohl Hammers Liebe sich den Primzahlen 5-7-5 bzw. 17 zuneigt, lässt er sich von ihnen nicht unters Joch zwingen: ge- und entfesselt zugleich behauptet er seine Freiheit. Überhaupt ist ihm der Kanon eingeforderter *sternhagelleerer* Kriterien gleichgültig, wichtig nur die poetische Relevanz.

Diese Zahl 1000+1: vermeintlich doch eher bescheiden, vom Menschen er*fahr*bar im wörtlichen Sinn – 1001 km, was ist das schon? Aber sogleich blickt man in verwirrende Un-Tiefen: Wir können nicht nur zur Tausend, wir können zu jeder vorstellbaren (oder unvorstellbaren) Zahl 1 addieren. Und zu der nun erhaltenen wieder 1. Und wieder. Uns ergreift eine Ahnung von der Unerbittlichkeit des nie Endenden.

Die Sonne: In Jahrzehnten des vertrauten Umgangs mit ihr ist die Beziehung zur Besitznahme gereift. Nicht allein sie ist MEINE SONNE; Sonnenverse umkreisen, was unser Dasein erfüllt: Natur, Menschen und ihr Miteinander (wie auch Gegeneinander); Geist, Sprache, Kunst … und schließlich der Tod. Sonne verursacht und bestimmt, ermöglicht und vollendet. Sie bringt Leuchten und Farbe hervor, Leben und Entfaltung, aber auch die Antithese: Finsternis, Schatten, Dunkel. Gäbe es keine Sonne, hätten wir keinen Ausdruck für Nacht. Von *Nachtlicht* und *Tagesdunkel* spricht der Autor.

Die meisten Texte öffnen Existenzielles, doch liegen dazwischen eingestreut Beobachtungen aus dem einfachen Leben, so, wie man sich traditionelle Haiku vorstellt. Sie verblüffen im ersten Augenblick, weisen uns jedoch den persönlichen Zugang zum Menschen Joachim Gunter Hammer. Hinter dem Poeten tritt er selbst hervor, sein alltägliches (Er-)Leben im Sonnenkreis. Viel verstehende Liebe leuchtet dabei auf: Die Kinderarbeiter ohne Zukunft, die im Müllsack piepsenden *kleinen Söhne der Legehennen*. Seltene spöttische Bemerkungen, etwa über die *Schattencreme* fürs *Nachtbaden*, erscheinen wohlfeil in diesem Umfeld, aber so ist halt das Leben.

In diesem Labyrinth gibt es 1001 Fragen und (k)eine Erkenntnis: das Fragezeichen als hilfreiche Interpunktion. Antworten? Nein.

Rüdiger Jung

Gespiegelte Welt

Gespiegelte Welt von Ingo Cesaro. Bindearbeiten (und Vorwort: „Ein Vorschlag für den möglichen Umgang mit Haiku") von Stefan Cseh. Neue Cranach Presse, Kronach. 44 Exemplare, signiert und nummeriert. 2017. 46 Seiten.

In Ingo Cesaro hat Kobayashi Issa seinen Bruder im Geiste. Er hat ein Herz für kleine Kreaturen, die anderen ins Netz zu gehen drohen:

> *Im Spinnennetz hängt*
> *die Vogelfeder fest und –*
> *warnt jetzt die Fliegen.*   S. 10

Was ihn nicht abhält, den Weberinnen der Netze dasselbe Mitgefühl und dieselbe Anteilnahme zu bezeugen:

> *Bleibt draußen Spinnen!*
> *Zu enge zum Überwintern –*
> *mein kleines Zimmer.*   S. 10

Das Haiku bietet ihm genügend Raum für eine respektable Nänie im Sinne Friedrich Schillers:

> *An Verandatür.*
> *Eine tote Amsel. Wind –*
> *bewegt die Federn.*   S. 12

Dass unsere Perspektive und jene der übrigen belebten Natur selten deckungsgleich sind, darüber gibt er sich keine Illusionen hin:

> *Die reifen Kirschen.*
> *Jetzt fahren wir in Urlaub.*
> *Vögel wundern sich.*   S. 26

Cesaro glücken wahre Inbilder, denen nachzusinnen, über die zu meditieren wahrlich lohnt:

> *Ameise rudert*
> *in der Pfütze am Waldweg.*
> *Die Sonne ertrinkt.*   S. 30

Ein taoistisches Grundgefühl stellt sich ein, dass das Weiche dem Harten, das Schwache dem Starken gegenüber durchaus seine Chance und Berechtigung, ja, den längeren Atem hat. Das vermeintlich Nebensächliche, Transitorische entfaltet seinen ganzen Witz, seinen ganzen Charme auch und gerade da, wo es sich als das Kleine einmal großtut:

> *Sternenklare Nacht:*
> *Eine Wolke überholt –*
> *den „Großen Wagen".*   S. 39

Auf dieser Überholspur sind viele der 120 bezaubernden Haiku!

Rüdiger Jung

Mit Haiku durchs Jahr

Mit Haiku durchs Jahr von Saskia Ishikawa-Franke. Umschlag: handgeschöpfter Karton aus Nepal mit eingeschöpften Wollfäden. Bleisatz, Buchdruck. Durchstichbindung. 66 Exemplare, nummeriert und signiert. Neue Cranach Presse, Kronach. 2015. 30 Seiten.

> *Blockflöte spielend,*
> *die Zweitklässler trotten am*
> *ersten Schultag heim*   S. 7

Sie nehmen mich für sich ein: die Haiku von Saskia Ishikawa aus Otsushi/Japan in der herrlichen bibliophilen Edition von Ingo Cesaro. Ohne dass Magie dies ins Werk zu setzen hätte, sind sich Mensch und Tier ganz nah:

In der Märzsonne
schnarcht vor dem Tempel ein Hund,
der Priester lächelt.   S. 11

Glutvoller Mittag,
durchs Maisfeld spazieren
langsam Herr und Hund.   S. 13

Aber auch Mond und Äste treten – nicht nur optisch – in wechselvolle
Beziehung:

Der Herbststurm spielt mit
Persimonen an dünnen
Ästen. Vollmondlicht.   S. 16

Die Haiku evozieren Stimmungen von großem Nachhall, die man so leicht
nicht wieder vergisst:

Der Morgennebel
schwebt über dem Biwasee.
Schulglocken läuten.   S. 21

Verlassen ist das
Schüler-Sport-Hotel. Verschneit,
einsam, die Kiefer.   S. 25

Überdies atmen die Texte eine besondere Fürsorglichkeit. Vorkehrungen
werden getroffen – für den Besuch, gegen die Kälte:

Durchputzen. Besuch
kommt bald. Unsere Katze
voller Herbstblätter.   S. 21

68

Spätherbstkälte, die
Zimmerleute klopfen bis
zum Dunkelwerden.   S. 21

Rüdiger Jung

Südwind

Südwind. Haiku-Jahrbuch 2016 hrsg. von Volker Friebel. Edition Blaue Felder, Tübingen. 2017. ISBN 978-3-96039-008-4. 104 Seiten.

Ich darf gestehen, Jahr für Jahr mit Spannung und Vorfreude dem Erscheinen des neuen Haiku-Jahrbuchs entgegenzufiebern. In diesem Jahr ein Wiederlesen mit Martin Berner, Reiner Bonack, Ingo Cesaro, Beate Conrad, Volker Friebel, Gabriele Hartmann, Silvia Kempen, Petra Klingl, Ramona Linke, Horst Ludwig, Conrad Miesen, Angelica Seithe, Hubertus Thum – Namen, die ich eher willkürlich aus einer Fülle anderer, nicht minder bedeutender und interessanter herausgreife; einmal ganz abgesehen von dem besonderen Reiz, der immer wieder von Neuentdeckungen ausgeht. Auf der anderen Seite ist das Jahrbuch immer auch eine Chronik der Abschiede. Wenn etwa Ramona Linke in einem ihrer Haiku der großen Jane Reichhold gedenkt. Oder in den angefügten Tan-Renga noch einmal Margret Buerschaper poetisch das letzte Wort behalten darf. Mir scheint, dass über die Jahre Kobayashi Issa dem deutschen Haiku fest eingeschrieben bleibt – etwa, wenn winzige Insekten eine achtenswerte Resilienz und Mobilität an den Tag legen

frosttag
im autogebläse erwacht
eine mücke
     Peter Wißmann   S. 90

Im Fernbus.
Eine Mücke fliegt mit
aus der Heimat.

Marianne Kunz   S. 50

Die klarsten Konturen gewinnt die Kreatur in ihrer Verletzlichkeit:

Abenddämmerung
an der gefrorenen Pfütze
die Wildente

Zorka Cordaševid   S. 23

Aha-Momente ganz in der Zen-Tradition taugen durchaus zum Tremendum:

mirabellenglas
über die sonnen darin
huschen sechs Beine

Dyrk-Olaf Schreiber   S. 73

Es begegnen wahre Inbilder von bestechender Qualität:

der bussard landet
seine flügel
falten den wind ein

René Possel   S. 65

Die kleine Form greift nach dem Höchsten aus, beflügelt von einer metaphysischen Heiterkeit:

Fahrerflucht
am Nachthimmel
der Große Wagen

Frank Dietrich   S. 25

Frische und Spontaneität führen die Feder – weit eher, als dass Natur und Jahreszeiten bindende thematische Vorgaben wären. Wenn die Jahreszeiten eine Rolle spielen, dann oft im Blick auf menschliche (nicht selten kindliche) Erfahrungen:

papier im wind
das wichtigste der welt
als die schnur reißt

    Brigitte Pernberger   S. 62

heißt es etwa im Blick auf einen herbstlichen Drachen, dessen ganzer Wert sich im Moment des Verlustes erweist. Die Fallhöhe geht weit über Süßigkeiten hinaus, weil auch Erwachsene Kinder sind und bleiben:

Herzklopfen
St. Nikolaus öffnet
sein dickes Buch

    Pitt Büerken   S. 17

Im glücklichsten Fall ist es Liebe, die das Band herstellt zwischen Kindheit und Erwachsenenwelt:

Gebrannte Mandeln
Ein kleines Kettenkarussell
Deine Hand in meiner

    Heiko Matamaru   S. 56

Die Träume und Hoffnungen wie die Ängste und Enttäuschungen der Kindheit lassen wir wohl nie wirklich hinter uns:

Zeugnis gabs heute
Minneapolis Devil
im Bus weint schluchzt heult

    Theo Köppen   S. 45

Ein armer Teufel! Nicht der kleinste Vorzug der Haiku-Dichtung: menschliche Verletzlichkeit kurz und knapp, nüchtern und sachlich zur Sprache zu bringen – ohne jede Larmoyanz:

MS
sie dressiert ihren Hund
für später
    Eleonore Nickolay   S. 61

Eine Patientin antizipiert das Fortschreiten ihrer Erkrankung. Und nimmt gerade so den Kampf auf.

Hausauflösung
in ihren Sachen
mein Teddybär
    Eleonore Nickolay   S. 61

Drei Zeilen, dreizehn Silben – die das Zeug zu einem Roman, einer Biografie oder Autobiografie haben. Auch Geschichte wird Thema im Haiku. Die Zeit, die auch den großen Monumenten sehr wohl etwas anhaben kann:

Heldendenkmal –
ein Laubbläser kämpft
gegen den Nordwind
    Gérard Krebs   S. 47

Andererseits mag die Mode für Beinkleider wechseln und Gabe und Verlangen nach Selbstdarstellung sich sehr wohl durch die Jahrhunderte treu bleiben:

Schloss Versailles
König Ludwig XIV
blickt auf die Selfie-Schützen
    Gérard Krebs   S. 46

Ambivalenz charakterisiert die Königsklasse der Poesie. Etwa, wenn das künstlerische Lob nicht frei ist von menschlichen Widerhaken:

„Ans Kreuz mit ihm!"
Der Chorleiter findet uns
sehr überzeugend
  René Possél   S. 64

Manchmal hörst du eine Melodie, eine Textzeile – und Vergangenes wird gegenwärtig:

dieses Lied
die Jahre
fallen ab
  Martin Berner   S. 10

Durchaus möglich, dass im Laufe der Jahre auch Haiku für uns diese besondere Qualität entwickeln werden.

Berichte

Stefan Wolfschütz

Sofia Haiku-Hotspot

Seit drei Jahren richtet der Haiku Club Sofia ein internationales Haiku-Forum in Sofia aus. Unterstützt wird er dabei von der Stadt Sofia, insbesondere der dortigen Stadtbibliothek. Die Bibliothek ist in einem ehrwürdigen Palastgebäude im Herzen von Sofia untergebracht, wo weithin sichtbar das Herz des bulgarischen Interesses an Literatur schlägt.

Wenn man sich der Stadtbibliothek nähert, sieht man schon außerhalb, worum es an diesem Platz geht. Draußen bieten private Händler auf gemieteten, mit Zeltplanen überdachten Flächen tausende von gebrauchten Büchern an. Eine riesige bulgarische Bibliothek zum Schmökern und zum Erwerb günstiger gebrauchter Bücher. Als Gast ist man sofort von diesem Ambiente auf Literatur eingestimmt.

Sofia hat eine sehr lebendige Haiku-Szene. Sie ist weniger durch offizielle Amtsträger geprägt als vielmehr durch leidenschaftliche Poetinnen und Poeten, die für das Haiku brennen, viele Beziehungen in alle Himmelsrichtungen pflegen und somit das lebendige Geschehen, zum Beispiel einer solchen Haiku-Konferenz, gestalten. Einer davon ist Petar Tchouhov. Preisträger bedeutender bulgarischer Lyrikpreise und Rockmusiker. Er ist in Sofia geboren, kennt die Szene sehr genau, und als Angestellter der Bibliothek von Sofia hat er viele der Fäden in der Hand, um diese Konferenz im Vorfeld zu organisieren und mit Helferinnen und Helfern über die Bühne zu bringen. In diesem Klima sind in den letzten Jahren viele neue Impulse für das bulgarische Haiku, das sich aber auch global orientiert, entstanden. Es ist eine frische Szene, die sich über die Generationen erstreckt und darum auf jemanden aus Deutschland sehr jung wirkt. Da alle Teilnehmerinnen und Teilnehmer dieses Haiku-Treffens der englischen Sprache mächtig sind, war die Verständigung nicht schwer.

Gerade ist ein Buch erschienen von drei der Konferenzteilnehmerinnen

(„Matchbox Boats"), die sich für dieses gemeinsame Projekt zusammenge-
tan haben. Da ist Dilyana Georgieva, die als Opernsängerin in der Welt
herumkommt. In einer zur diesjährigen Konferenz begleitenden Haiga-
Ausstellung präsentiert sie Bilder der Orte, an denen sie aufgetreten ist.
Hier ein Haiku, das zu einem Foto gehört, auf dem Dilyana neben einer
alten Zigarre rauchenden Kubanerin sitzt:

Süßer Rauch
kein Unterschied mehr
zwischen Sex und Alter

Darina Deneva, ebenfalls in Sofia geboren, arbeitet als Übersetzerin für
Russisch und Englisch. Ein Haiku aus ihrer Kollektion verbindet die jahr-
tausendealte christliche Tradition, die überall in Sofia zu spüren und in den
Kirchen zu bewundern ist, mit der Leichtigkeit und Eleganz der im Buch
auftretenden Haiku-Schreiberinnen:

wie im Himmel
so auf Erden
Schnee zu Weihnachten

Wie leicht und sinnlich ganz einfache Worte zu einem Haiku zusammen-
finden, zeigt die dritte im Bunde, Vessislava Savoya, ebenfalls in Sofia ge-
boren:

Durst
Der Geschmack von Wassermelone
auf deinen Lippen

In solch lebendiger Atmosphäre ist es für mich ein besonderes Erlebnis
gewesen, vom Haiku-Leben in Deutschland und besonders innerhalb der
Deutschen Haiku-Gesellschaft zu berichten. Im heißen, jedoch trockenen
Klima Sofias machte es dann in der lauen Abendluft umso mehr Spaß, bei
kühlen Getränken bis tief in die Nacht hinein über das Haiku-Leben hier
wie dort zu diskutieren. Bereichert wurde die Konferenz durch David La-

noues Vorstellung seiner beiden Neuerscheinungen: „Write like Issa" und „Issa and Being Human". Mit den neuen Werken im Gepäck war er aus New Orleans angereist. Zwei Literaturprofessoren aus Sofia, die aus ihren Fakultäten berichteten, rundeten das Konferenzgeschehen ab.

Den Abschluss bildete am Sonntag, den 1. Juli ein Haiku-Spaziergang durch den Stadtpark von Sofia, wo an diesem Tag ein großes Festival statt-fand. Die während dieses Spaziergangs entstandenen Haiku stellten sich die Teilnehmerinnen und Teilnehmer gegenseitig vor. Hier zum Abschluss eines meiner dort entstandenen Haiku:

In the heat of the park	In der Hitze des Parks
he slowly pushes his bicycle	langsam schiebt er sein Fahrrad
and his belly	und seinen Bauch

Beate Wirth-Ortmann

Kirschblüten und Brautgewand

Der noch junge „Freundeskreis Literaturhaus Heidelberg e.V." veranstal-tete am 18. Mai 2017 im Museum Haus Cajeth einem literarischen Abend unter dem Titel: „Kirschblüten und Brautgewand – ein lyrischer Brücken-schlag zwischen Orient und Okzident".

Zu Beginn hielt DHG-Vorstandsmitglied Klaus-Dieter Wirth einen komprimierten Vortrag über die Wesensmerkmale des Haiku und seine Aufnahme und Entwicklung in der westlichen Welt.

Die Hauptteilnehmer dieses Abends waren jedoch Studierende des In-ternationalen Studienzentrums der Universität Heidelberg, die im Rahmen ihres Deutschlernens unter der Leitung von Frau Ellen Althaus-Rojas bei einem Ginko durch Heidelberg Eindrücke von markanten Punkten der Stadt gesammelt hatten. Diese formulierten sie dann mit ihrem noch im Anfangsstadium befindlichen Wortschatz als Haiku. Erschwerend kam für sie dazu, dass sie bestimmte Wortvorgaben des Freundeskreises Literaturhaus mitverwenden sollten.

Unter Berücksichtigung dieser Erschwernisse leisteten sie ihre Mammutaufgabe mit Bravour, denn es entstanden sehr anrührende Verse, für die sich Dr. Matthias Wermke, der Vorsitzende des Freundeskreises, und ca. 80 Zuhörer mit ganz herzlichem Applaus bedankten. Umrahmt wurde ihre Lesung von einer japanischen Sopranistin und einem Bassbariton, die zwei japanische Lieder und – als Hommage an Deutschland – das Volkslied „Am Brunnen vor dem Tore" auf Deutsch vortrugen.

Die jungen Leute aus Frankreich, Syrien, China, Afghanistan, Ruanda, Japan und der Türkei haben mit ihren Versen eine lyrische Brücke zwischen Orient und Okzident geschlagen, möge ihnen über die reale Brücke eine erfolgreiche Zukunft gelingen.

auf warmer mauer –
ein salamander betet
die sonne an

    Jingqi Jin, China; Jérémy Biehler, Frankreich; Ghiath Mardini, Syrien

durch blaue räume –
ein falke segelt
auf brautschau

    Hassan Sedat Horoz, Türkei

frühlingswind, so frisch –
der geist von philosophen
über der stadt

    Jingqi Jin, China; Jérémy Biehler, Frankreich; Ghiath Mardini, Syrien

wind weht
von ost nach west
dich und mich unter ein dach

    Hakim Kamal, Afghanistan

so laut die welt –
hinter dem tor nur stille
im garten

    Hakim Kamal; Ellen Althaus-Rojas

Mitteilungen

Neuveröffentlichungen

1. Antje Steffen: „MOMENTE DES LEBENS – LEBENSMOMEN-TE", Haiku und Bilder, die die Momente des Lebens widerspiegeln. BoD-Verlag, Norderstedt. 2017. 140 Seiten.
ISBN 978-3-7412-8296-6.

2. Norbert C. Korte: Erkennen heißt – mit dem Gegen-Stand neu geboren werden. Unterwegs mit Hugo Kükelhaus. Ein Tagebuch in Wort und Bild. Ein sehr persönliches Buch von Norbert C. Korte, eine Art Tagebuch, in dem er mit seinen im Zusammenspiel mit Fotografien entstandenen Haiku seine Zeit in Soest Revue passieren lässt. Ch. Möllmann Verlag, Borchen. 2017. 80 Seiten.
ISBN 978-3-8997-9262-1.

3. Stephanie Mattner, Petra Klingl, Manuel Bianchi, Dagmar Tollwerth (Hgg.): Unruhige See(le). Haiku, Tanka und Senryû. 164 Texte von 123 Poeten und Poetinnen zum Themenspektrum „Unruhige See(le)" vermitteln einen gelungenen Einblick in das zeitgenössische Haiku-Schreiben deutschsprachiger Autoren. Kurze, intensive Lyrik, die berührt, die nachdenklich stimmt, die zum Nachsinnen einlädt. Mit einem Vorwort von Ingo Cesaro. 2017. BoD, Norderstedt, 2017. 160 Seiten.
ISBN 978-3-7448-3363-9.

Sonstiges

1. **Haiku und Wandern** (Volker Friebel)
Dezember 2017 werden wir ein verlängertes Wochenende im Kloster Heiligkreuztal (nahe der Donau) verbringen und uns mit dem Haiku

auseinandersetzen. Die Veranstaltung ist für neue sowie für erfahrene Haiku-Autoren gleichermaßen geeignet. Wir werden in der Dezember-stimmung die schöne Klosterumgebung und die Natur erkunden, dabei Haiku skizzieren, diese anschließend gemeinsam besprechen und wei-terentwickeln. Und wir werden uns über das Haiku und seine Beson-derheiten als Literaturform austauschen. Einen Eindruck von dem, was einen bei „Haiku und Wandern" erwartet, kann man im SOMMER-GRAS Nr. 112, März 2016, gewinnen. Dort steht ab Seite 17 ein Be-richt zum Seminar 2015 im Kloster Kirchberg (nahe dem Neckar). Auf der Website *Haiku heute* findet sich zur selben Veranstaltung ein Erleb-nisbericht: www.haiku-heute.de/Archiv/Friebel-Kirchberg-2015/friebel-kirchberg-2015.html

Veranstaltungsort: Tagungshaus Kloster Heiligkreuztal, Am Münster 7, 88499 Altheim-Heiligkreuztal (www.kloster-heiligkreuztal.de). Der nächste Ort mit Bahnhof ist Riedlingen an der Donau, von dort fährt ein Bus.

Veranstalter: Heimat- und Wanderakademie Baden-Württemberg, Schwäbischer Albverein

Termin: Freitag, 8. Dezember 2017, 18:00 Uhr bis Sonntag, 10. De-zember 2017 gegen 13:00 Uhr

Leitung: Peter Wißmann und Volker Friebel

Kosten: 250 Euro für das Seminar einschließlich Unterkunft und Voll-verpflegung

Anmeldung: www.wanderakademie.de

Eingabe des Stichworts „Haiku" führt zum Seminar, auf dessen Seite auch die Anmeldung möglich ist. Frühzeitige Anmeldung empfiehlt sich, die Plätze sind begrenzt.

2. **Haiku-Workshop in Wiesbaden** (Ruth Karoline Mieger)
Am 12. November 2017 findet von 10:00 bis 16:00 Uhr der nächste Haiku-Workshop unter Leitung von Klaus-Dieter Wirth statt. Wir tref-fen uns im Gebäude der ehem. Robert-Koch-Schule (Geschäftsstelle vbw-Bierstadt), Hofstr. 2, in Wiesbaden-Bierstadt.
Die Erörterung der mitgebrachten Haiku wird den Schwerpunkt des

Workshops bilden.

Einen Einblick in unsere Arbeitsweise gibt der Bericht „Nein, die gute alte Salon-Kultur ist nicht tot" von Beate Wirth-Ortmann, abgedruckt im Sommergras-Heft Juni 2017, Seite 81.

Anmeldung: Ruth Karoline Mieger, Sigismundstr. 8, 65205 Wiesbaden, Tel. 0611/609 28 92, E-Mail: rkmieger@gmx.de

3. Handgebundene Bücher (Stefan Wolfschütz)

Vor über 20 Jahren habe ich in Hamburg Klaus Burgdorf in Sachen Kirche und Marketing getroffen. Beim Italiener in Blankenese tauschten wir Ideen aus, verloren uns danach aber leider wieder aus den Augen. Dann 15 Jahre später begegneten wir uns ganz überraschend wieder in der Deutschen Haiku-Gesellschaft. Beide sind wir mittlerweile im Ruhestand, er in Bremen ich in Hamburg. Vor einigen Wochen erreichte mich ein Brief von ihm:

„… habe ich mich seit 2010 sehr stark mit der Buchbinderei beschäftigt. Ich hatte das Glück, einen Arbeitsplatz in einer Buchwerkstatt in Bremen zu ergattern und so das Handwerk des Buchbinders soweit zu erlernen, dass ich jetzt in der Lage bin, für mich und Bekannte Bücher in handwerklicher Qualität herzustellen oder auch zu reparieren, bzw. neu einzubinden. Dabei verwende ich besonders gerne japanische Einbandpapiere, aber natürlich auch Leinen oder Leder.

Die Idee ist, jetzt die erworbenen Kenntnisse und Fähigkeiten in einen größeren Rahmen zu stellen. Was liegt näher, als die Menschen anzusprechen, die (ähnlich wie ich selbst), ihre Werke in einem schönen, handwerklich hergestellten Buch wiederzufinden hoffen und vielleicht auch verschenken wollen.

So entstand die Idee, den Mitgliedern der DHG, der ich ja auch angehöre, diesen Dienst zu vernünftigen Preisen und in einer – so wird meine Arbeit inzwischen beurteilt – schönen, sauberen handwerklichen Qualität anzubieten. "

Zu diesen Zeilen erhielt ich zwei wunderschöne, von Klaus Burgdorf gebundene Bücher. Ich schreibe diesen Artikel, um auf das Angebot und die Qualität solcher handgebundenen Bücher eines unserer Mitglieder aufmerksam zu machen. Wer Interesse hat, seine Haiku auf diese Art und Weise einmal als Einzelexemplar oder in ganz kleiner Auflage handwerklich gebunden zu veröffentlichen, der kann sich an Klaus

Burgdorf wenden.

Hier seine Mailadresse und Telefonnummer:

Klaus W. Burgdorf, kw.burgdorf@bremen.de, T: 04213466230

4. **Welt Kinder Haiku-Wettbewerb 2017–2018 der Jal-Foundation**
(Claudia Brefeld)

Die JAL-Foundation lädt zum 15. Mal zum Welt Kinder Haiku-Wettbewerb ein.

In Deutschland (in Zusammenarbeit mit der DHG): Thema „Lebewesen".

Wettbewerbsbedingungen:

- Ein Haiku (dreizeilig) in deutscher Sprache pro Kind zum Thema „Lebewesen" mit einer Illustration.
- Teilnehmer müssen am 15. Januar 2018 jünger als 16 Jahre sein.
- Mit dem Haiku muss der Autor auf einem DIN A4-Blatt eine handgearbeitete Illustration fertigen.
- Auf der Rückseite bitte die Anmeldung mit folgenden Angaben aufkleben: Vorname, Name, Alter, Adresse, Telefonnummer.
- Jede Art der Komposition ist erlaubt (keine Fotos oder digitalen Bilder).
- Jede Einsendung muss ein unveröffentlichtes Original sein.
- Alle Rechte gehen an die JAL-Foundation über.
- **Einsendeschluss: 15. Januar 2018**
  Ergebnis:
- Die Ergebnisse werden auf der Website der JAL-Foundation im Juni 2018 veröffentlicht.
- Die Gewinner-Haiku werden im Bordunterhaltungsprogramm der internationalen JAL-Flüge mit Boeing 787 gezeigt sowie in der Haiku-Anthologie des Wettbewerbs „Haiku By World Children. Vol. 15" veröffentlicht.

Einsendungen an: DHG, Petra Klingl, Postfach 200205, 13512 Berlin

Weitere Details finden Sie unter:

http://www.jal-foundation.or.jp/contest-e.html

5. **WANTED**

Sommergras-Ausgaben und zwar die Nummern 83–103
Angebote gerne an:
Adele Weers: adele_weers@kulturatelier.eu

Errata

SOMMERGRAS Nr. 117
Betrifft: Haiku- und Tanka-Auswahl (S. 44 und 48)
Die beiden Haiku von Sylvia Bacher lauten richtig:

schnürlregen
der kindheit
lesetage

langstrecken
auf der autobahn
gedankenreisen

Betrifft: Autorenname (S. 37)
Der Autorenname des ersten Haiku lautet korrekt:
Johannes Ahne

Haiku- und Tanka-Mentoring

Für das **Haiku-Mentoring** stellen sich zur Verfügung:

Claudia Brefeld   claudia.brefeld@ dhg-vorstand.de
Brigitte ten Brink   brigitte.tenbrink@gmx.de

Für das **Tanka-Mentoring** stellen sich zur Verfügung:

Tony Böhle   tonyboehle@web.de

(Falls Postadressen gewünscht, bitte beim DHG-Vorstand anfragen.)

Wir möchten alle DHG-Mitglieder ermuntern, diese Möglichkeiten des Austausches zu nutzen, und nehmen gerne zukünftig weitere Namen in diese Listen auf, die wir – aktualisiert – in jedem SG vorstellen werden.

Covergestaltung
Das Cover dieser Ausgabe wurde von Simone K. Busch gestaltet und zeigt eine Kürbis-Skulptur der japanischen Künstlerin Yayoi Kusama. Das Foto ist auf der Insel Naoshima in der Seto-Inlandsee von Japan entstanden.
1965 in Berlin geboren, ist Simone K. Busch über verschiedene Stationen im In- und Ausland ins Rheinland gezogen und wohnt dort mit Familie und zwei Katzen in der Natur der Voreifel. Die Freude an der Fotografie hat sie von ihrem Vater geerbt, der sie auch beim Übergang vom Knipsen im digitalen Automatikmodus zur manuellen Bildgestaltung begleitet hat. Heute liebt sie es insbesondere, kleine Dinge im Spiel mit Schärfe und Unschärfe und viel „leerem" Raum drumherum in Szene zu setzen. Als Haiku-Autorin gestaltet sie mit ihren Fotos auch Foto-Haiku. Wobei es ihr wichtig ist, dass beide Elemente unabhängig voneinander als eigenständige Werke bestehen können und sich das Haiku in seiner Schriftart und Positionierung ansprechend in das Foto einfügt. Ihre Veröffentlichungen sammelt sie auf dem Blog „weighing words"
http://simonekbusch.blogspot.de/

Impressum

Vierteljahresschrift der Deutschen Haiku-Gesellschaft
30. Jahrgang – September 2017 – Nummer 118

Herausgeber:	Vorstand der DHG Tel.: 040/460 95 479 E-Mail: info@deutschehaikugesellschaft.de
Redaktion:	Claudia Brefeld, Eleonore Nickolay
Titelillustration:	Foto von Simone K. Busch
Satz und Layout:	Martina Sylvia Khamphasith

Freie Mitarbeit erwünscht. Ihre Beiträge schicken Sie bitte per

E-Mail an:	Claudia Brefeld, Eleonore Nickolay redaktion@deutschehaikugesellschaft.de
Post an:	Petra Klingl, Wandsdorfer Steig 17, 13587 Berlin

Die Meinung unserer Autoren muss sich nicht immer mit der Meinung der Redaktion decken. Die Beiträge werden von uns sorgfältig geprüft, für die Richtigkeit, Vollständigkeit und Aktualität der Inhalte können wir jedoch keine Gewähr übernehmen.

Einsendeschluss
für die Haiku- und Tanka-Auswahl: 15.10.2017
Redaktionsschluss: 25.10.2017

Jahresabonnement Inland (inkl. Porto) 45 €
Jahresabonnement Ausland (inkl. Porto) 55 €
Einzelheftbezug Inland (inkl. Porto) 12 €
Einzelheftbezug Ausland (inkl. Porto) 14,50 €
Auslandsversand nur auf dem Land-/Seeweg.

Der Mitgliedsbeitrag beträgt 45 € im Jahr und beinhaltet die Lieferung der Zeitschrift (Inland inkl. Porto, Ausland + 10 € Porto).
Die finanzielle Unterstützung der DHG quittieren wir mit Spendenbescheinigungen.